场景化赋能

场景化课程设计与教学引导

孙科柳 孙科江 著

中国人民大学出版社

图书在版编目（CIP）数据

场景化赋能：场景化课程设计与教学引导/孙科柳，孙科江著. -- 北京：中国人民大学出版社，2020.3
ISBN 978-7-300-27520-8

Ⅰ. ①场… Ⅱ. ①孙… ②孙… Ⅲ. ①企业管理－职工培训－教学研究 Ⅳ. ① F272.92

中国版本图书馆 CIP 数据核字（2019）第 226551 号

场景化赋能——场景化课程设计与教学引导
孙科柳 孙科江 著
Changjinghua Funeng—Changjinghua Kecheng Sheji yu Jiaoxue Yindao

出版发行	中国人民大学出版社			
社　址	北京中关村大街 31 号		邮政编码	100080
电　话	010-62511242（总编室）		010-62511770（质管部）	
	010-82501766（邮购部）		010-62514148（门市部）	
	010-62515195（发行公司）		010-62515275（盗版举报）	
网　址	http://www.crup.com.cn			
经　销	新华书店			
印　刷	涿州市星河印刷有限公司			
规　格	170mm×230mm　16 开本		版　次	2020 年 3 月第 1 版
印　张	19.5 插页 3		印　次	2020 年 3 月第 1 次印刷
字　数	232 000		定　价	59.80 元

版权所有　侵权必究　印装差错　负责调换

聚焦业务痛点和组织发展需要
快速设计"训战结合"的课程体系和赋能方案

前言

组织培训经常会面临这样一些情况：培训按部就班地开展，但一番折腾后，什么都没有留下，一年下来又清零；学习与应用脱节，应知应会可以秒懂，但一到具体业务中就手足无措……这些情况都说明了一个问题：员工的学习成果在实际转化中出了问题，员工无法将知识转化成工作业绩。

传统的培训让员工的知识有了增长，但在转化过程中存在很大的问题。这些问题该如何解决呢？笔者从多年的管理咨询和培训管理经验中总结得出，应该提倡应用场景化教学，以场景为导向组织学习活动，即把真实的业务场景搬到课堂上来，把原有的那些知识打散，再重新组合在一起，去解决一些实际工作场景中的问题。这些业务场景不是来自外部这些专业的老师或者专家，更多的内容是来自员工本人，来自距离客户、距离业务最近的那些人。所以，以场景为导向，能够帮助个体将知识转化为实际业绩，从而实现个人的成长到组织的赋能。

当今，在培训圈内，场景化学习正在一步步常态化，备受培训管理工作者的热捧，甚至可以说正在掀起一场革命。场景化学习是非常适应这个时代的一种学习方式——通过一套场景化学习和体验的教学设计，学员能够在其中发现问题，并创造出解决方案，从而提升成就感。

企业想要进行场景化学习，首要任务就是要进行场景化课程设计。那么，什么是场景化课程设计呢？目前市场上关于场景化学习的著作还比较少，没有形成可传播的一套理论和方法。因此，笔者通过梳理自己参与的场景化培训项目，总结出了关于场景化赋能的一套可操作的流程和方法。

本书针对企业培训工作者开发和呈现场景化课程的逻辑和方法进行了系统梳理，同时参考了国内外许多企业和学者的实践经验，并结合了笔者的管理培训与管理咨询工作经验。本书按照场景革命、场景还原、价值梳理、场景重构、体验设计、教学资源、教学引导、行为转化、教学测评九个方面，对场景化课程设计与教学引导工作进行了深入浅出的解读。

在本书的写作过程中我们的写作团队对相关资料进行了细致的研究，并征求了很多同行的意见。参与本书写作的作者，都有过多年培训管理工作经验，并且一直坚持在这一领域探索，对培训工作和人才培养等有着深刻的见解。同时，我们的写作团队还与众多的大学教授、咨询顾问、管理专家进行了深入的交流，以求更全面地概括培训管理工作的逻辑和本质。本书从选题立意，到制定框架，再到写作各章内容、完稿，都经过了各位作者的共同讨论和认真修改。

相信我们所总结的这些理论对其他培训工作者做好培训项目管理工作也会有所帮助。当然，笔者总结出的这套逻辑和行动方案也只能为各位读者提供参考和借鉴，在实践的过程中，还得具体问题具体分析。尽管在细节上存在不同，但理论还是通用的。

衷心希望这本书能够对读者朋友们有所启发，并能够提供切实有效的帮助。限于笔者能力，书中难免存在不足，希望读者朋友不吝赐教，提出宝贵的意见和建议。

作者

2019 年 8 月

目录

第 1 章 场景革命

1. 成人的学习原则 — 003
   1.1 成人教学要服务于培训对象 — 003
   1.2 成人学习的四大关键原则 — 005
   1.3 对接成人学习原则,提升培训效果 — 010

2. 以学员为中心的学习 — 012
   2.1 革新培训理念,转变培训方式 — 012
   2.2 转变心态,积极引导培训 — 013
   2.3 全方位保障,满足学员需求 — 015

3. 未来趋势下的成人学习 — 017
   3.1 带入情境,让学员参与其中 — 017
   3.2 重构内容与学员的连接 — 019
   3.3 场景化学习将成为主流学习趋势 — 021

4. 场景化学习的价值 — 023
   4.1 萃取经验,有效管理知识 — 023
   4.2 对接业务痛点,解决实际问题 — 025
   4.3 知识迁移,高效落地学习内容 — 026

5. 场景化学习的应用方向 — 027
   5.1 改善业务痛点,提升组织效能 — 028
   5.2 专注人才培养,强化个人实战能力 — 029
   5.3 应用实际场景,提升组织管理水平 — 031

第 2 章
场景还原

1. 拆解业务流程，梳理关键工作节点		035
1.1	以业务为导向梳理流程	035
1.2	找到赋能关键点	038
2. 以事件为中心，收集场景资源		040
2.1	明确素材来源	040
2.2	以岗位角色为抓手	042
2.3	调研访谈关键岗位人员	045
3. 选择关键性场景进行讨论		049
3.1	界定关键性场景的标准	049
3.2	按照标准筛选关键性场景	050
3.3	界定关键性场景与组织绩效关系	053
4. 从实践经验到方法理论的建设		054
4.1	将个人经验显性化	055
4.2	经验升华，形成方法论	057
4.3	形成系统化的知识体系	059
5. 真实还原案例过程与场景		060
5.1	挖掘案例背后的逻辑	061
5.2	用 STARR 模型复述案例过程	063
5.3	梳理事件时间轴还原案例	064

第 3 章
价值梳理

1. 需求调研和收集	069
1.1　明确调研的对象	069
1.2　使用多种方式获得需求信息	071
1.3　培训需求调研的结构与内容	073
2. 需求数据的梳理和分析	076
2.1　分析数据的多种方法	076
2.2　通过数据分析明确价值点	078
2.3　确定需求背后的要素	080
3. 多角度评估学员的接收水平	082
3.1　考虑学员已有的知识水平	083
3.2　评估学员的学习兴趣所在	084
3.3　选择最佳的培训交付模式	087
4. 明确课程价值，绘制价值地图	088
4.1　以终为始，明确预期课程价值	089
4.2　根据业务目标绘制价值地图	091
5. 注重转化，构建学习价值链	093
5.1　展示学习与业务目标的关系	093
5.2　聚焦价值点，构建学习价值链	096

第 4 章
场景重构

1. 围绕学员对象设计教学内容 　　101
   1.1 场景的前提：做好人物设定 　　101
   1.2 使用 AIDA 模型开发培训内容 　　103

2. 让场景与教学点相融合 　　105
   2.1 串联事件场景，形成课程体系 　　105
   2.2 结合场景，输出教学要点 　　107

3. 学习目标与交付技术相联系 　　110
   3.1 对学习目标进行分类管理 　　110
   3.2 确定合适的教学风格和方式 　　112

4. 强化课程吸引力，规避注意力负载 　　113
   4.1 展示项目好处，吸引注意力 　　114
   4.2 合理配置课程的信息量 　　115

5. 像学员一样思考，检查项目设计 　　117
   5.1 站在学员的角度思考学习流程 　　117
   5.2 利用记忆辅助工具审核内容设计 　　119

6. 搭建课程框架，优化课程内容 　　121
   6.1 多角度梳理课程逻辑框架 　　121
   6.2 与专家展开合作，优化内容 　　123

第 5 章
体验设计

1. 案例教学法   129
    1.1   认识案例教学法及其流程   129
    1.2   案例教学的要求和应用   131

2. 角色扮演法   132
    2.1   角色扮演法的流程与功能   133
    2.2   角色扮演法的要求和应用   134

3. 沙盘演练法   136
    3.1   沙盘演练法的实战性与流程   136
    3.2   沙盘演练法在实际工作中的应用   138

4. 游戏活动法   141
    4.1   游戏活动法的特点与流程   141
    4.2   游戏活动法的作用和应用   143

5. 情景训练法   145
    5.1   情景训练法在培训中的流程   145
    5.2   情景训练法的特点和应用   148

6. 无领导小组讨论   150
    6.1   无领导小组讨论的流程与评测功能   150
    6.2   无领导小组讨论法的优势和应用   152

第 6 章
教学资源

1. 培训课件策划与设计	157
1.1 培训课件的类别与制作标准	157
1.2 课件的内容结构和清单设计	159
2. 输出讲师手册	162
2.1 讲师手册多样的呈现形式	162
2.2 讲师手册输出的内容及目的	164
3. 引导工具与表单	166
3.1 如何找到标杆，引导学习	167
3.2 注重检查和测试，保证效果	169
4. 案例库与解读说明	171
4.1 搭建案例库，丰富教学资源	171
4.2 案例库的创新迭代对企业的作用	173
5. 输出培训学员手册	175
5.1 学员手册的编制原则和要点	175
5.2 学员手册的内容结构及目的	176
6. 设计作业指导书	178
6.1 制定标准化的"岗位宝典"	179
6.2 作业指导书的内容及要求	181

第 7 章 教学引导

1. 设计破冰活动，吸引学员关注　　187
　1.1　开展破冰活动的重要意义　　187
　1.2　设计破冰活动时的考虑因素　　189

2. 震撼开场，激发学员兴趣　　191
　2.1　开场白的设计原理和原则　　191
　2.2　衡量开场是否有效的标准　　194
　2.3　震撼有效开场的方法和作用　　195

3. 有效控场，确保成果输出　　198
　3.1　失控的场景以及失控原因　　199
　3.2　进行有效提问，实现高效控场　　200
　3.3　应对冷场的有效方法　　202

4. 紧扣主题，做到课程完美收场　　204
　4.1　培训结尾的重要性　　204
　4.2　常用的一些结尾方法　　206

5. 复习回顾，使培训内容记忆深刻　　209
　5.1　巩固复习的策略技巧　　209
　5.2　设计回顾课程，做好知识巩固　　211

6. 复述教学内容，提升学习效果　　214
　6.1　深度加工，对抗遗忘曲线　　214
　6.2　精细复述，建立自己的记忆联系　　216

第8章
行为转化

1. 在学习与工作之间建立联系 　　　　　221
 1.1 在培训学习与工作之间建立强关系 　　221
 1.2 提前沟通，引导学员签订"应用契约" 　　225
 1.3 促使学员改变对待学习的心智模式 　　227

2. 明确学习目标，界定学习转化 　　　　　230
 2.1 为学员制定有效的学习目标 　　230
 2.2 定义和评估学习转化 　　232

3. 在案例引导下输出自我经验 　　　　　235
 3.1 分享标杆员工的成功案例 　　235
 3.2 培养学员辨识情境的应用能力 　　238
 3.3 让学员分享自己的成功故事 　　239

4. 为学习转化提供相关支持 　　　　　242
 4.1 学以致用才能实现预期目标 　　242
 4.2 为学习转化提供相关支持 　　244
 4.3 营造学习转化氛围 　　247

5. 用足够练习强化培训效果 　　　　　252
 5.1 制订详细的训后任务计划 　　252
 5.2 确保学员充分练习 　　256

6. 提供应用指导，促进绩效改善 　　　　　260
 6.1 帮助学员选择教练 　　260
 6.2 指导学员应用学习内容 　　262
 6.3 实施绩效支持和辅助 　　265

第9章 教学测评

1. 用过程督导强化培训产出 … 271
   1.1 明确培训项目的关键产出 … 271
   1.2 做好培训过程的每个阶段 … 272
   1.3 柯氏四级评估模型 … 274

2. 评估学员对课程的满意度 … 276
   2.1 工具及表单的设计 … 276
   2.2 对评估结果的分析 … 278

3. 检验学员掌握知识技能的程度 … 280
   3.1 设计有效的评估方案 … 280
   3.2 通过测试来检验学习成效 … 281

4. 考察学员训后行为方式的改变 … 283
   4.1 选择合适的评估方法 … 283
   4.2 强化培训行为效果 … 285

5. 衡量预期投资回报的实现情况 … 287
   5.1 衡量培训项目的投资回报 … 288
   5.2 分析结果，持续改进 … 289

参考文献 … 292

第1章
场景革命

随着成人学习理论的不断革新,许多崭新的培训方式应运而生,培训内容也不断多元化,这种革新实际上试图解决传统培训方式存在的种种问题。其中,场景化学习的概念尤为引人注目。场景化学习的到来,使企业培训无论是在课程设计上,还是在教学方式上,都发生了前所未有的变革。

1. 成人的学习原则

与传统的学校教育相比，企业培训的对象更多的是成人，这就要求我们在培训前，充分了解成人的学习原则，掌握成人的学习特点，才能让其愿意学、主动学，并将学习成果运用到实际工作中去，从而最大限度地发挥出培训的价值。

1.1 成人教学要服务于培训对象

一家企业是否优秀，从领导者是否重视管理工作就能看出来。所谓的管理工作中最重要的一项是：管理者有没有将培养有潜力的管理人才作为首要任务？

在企业发展中经常会遇到这样的情况：一家长期不注重培养和管理后备人才的企业，在管理质量提高和高层职员任命方面困难重重，尽管有临时代理人，但这些代理人显然不能适应职位的要求，假如从外部招聘高管过来，需要的财力和精力成本都比较高，因此，企业慢慢陷入困境之中。

事实上，这一问题从企业发展之初就可以避免，那就是从一开始就着手培养人才，自己带出一批属于企业自身不同阶梯的精英人才。

在人才培养这方面，麦肯锡创始人詹姆斯·麦肯锡（麦克）和马文·鲍尔可谓典范。

在马文1933年加入麦肯锡时，麦肯锡只有一个正式的培训机构，即詹姆斯·麦肯锡的总体调查提纲，其实，当时大多数人了解麦肯锡就是在培训课堂上。

马文回忆自己在接受麦克的培训时，总是全神贯注，唯恐麦克会叫自己起来回答问题。麦肯锡公司在最初运作时，总是先用总体调查提纲来分析客户当前状况与发展潜力，然后确定手头问题。在后来设计内容更加广泛的培训课程时，总体调查提纲仍旧发挥了很大的作用。

后来，随着不断发展，麦肯锡公司成立了专门的培训机构——阿尔派恩大学。此外，马文还利用自己的时间私下给员工提供帮助。

马文在八十岁的高龄时，还亲自指导员工的招聘工作，告诉他们招聘的重要性、拒绝不合适人选的重要性、决策时的注意问题以及招聘工作的十大戒律等。

正是因为注重培训工作，麦肯锡才有大量能够及时解决客户问题并且能够独当一面的优秀员工。

但员工培训不是一项简单的工作，它不同于以往的学校教育，因为成人有其独特的学习特点和规律。一般来说，成人在接受培训之前已经经过了大量的学习和训练，熟练掌握了一些方法和理论，整体逻辑性也比较强，这使得他们在理解抽象概念和事物时，接受能力会比较强。很多培训师在设计课程时，并未考虑到成人学习的特点，也没有结合学习者个人工作或生活的情况，而是以刻板的形式将他们认为重要的东西教给学习者，这导致很多人在参加完培训课程后，觉得培训没有什么大的用处，反而占用了他们的时间。

因此，我们要从成人学习的规律出发，围绕培训对象设计相关的学习内容，才能让学习者获得满意的学习体验。对此，任正非也曾说过："华为的培训教学要结合员工的实际工作来展开。预备队要引导明天，但是不能跳跃太多，跳跃太多就不接地气了，树不能长在天上。否则一大堆都是怀抱未来理想，培训未来没有必要。"

在培训管理上，腾讯根据员工职业发展通道的需求对其进行培训，以符合个人发展的需求和企业战略发展的需要。目前腾讯采用双通道（管理通道和专业通道）的职业发展路线，每个员工都属于某一个发展通道，并且知道自己在该通道里面的级别（职级）。而每个发展通道的每个职级都有相对应的素质模型，每个素质模型又会对应相应的课程，通道、职级、素质模型和课程形成一个体系，每个员工都会在这个体系中找到自己的位置，也会清楚自己的发展方向，知道自己应该提升哪些能力，知道哪些课程可以帮助自己提升这些能力，从而推动自己的职业发展。这样的培训课程受到了员工的普遍欢迎，为组织营造了良好的学习氛围。

世界顶级创意公司 IDEO 总裁蒂姆·布朗指出："设计思维不仅是以人为中心，还是一种全面的、以人为目的、以人为根本的思维。"设计工作需要充分考虑用户的需求，学习项目的设计也是一样。成人教学一定是要服务于培训对象的，在设计课程时，要深刻地了解学习者的根本需求，为学习者创造与其工作或生活强相关的学习体验，让学习者能够理解并将从培训中得到的知识、技能应用到工作中去。

1.2 成人学习的四大关键原则

作为培训者，只有了解成人的学习规律和原则，才能帮助他们更好地完成学习过程。成人教育的领军人物马尔科姆·诺尔斯根据自己大量的教学实践，对成人教育进行了系统而深入的研究，并总结出了成人学习的四大关键原则，如图1-1所示。

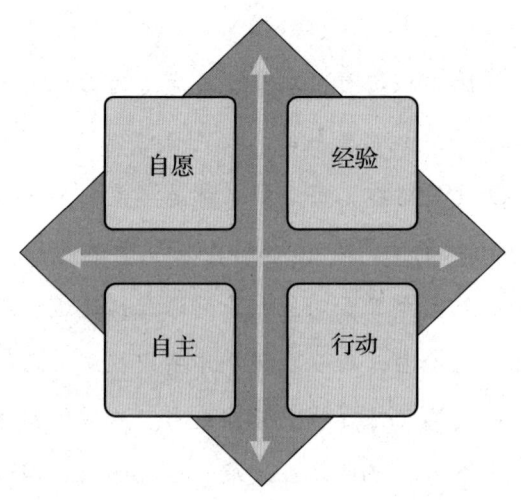

图1-1 成人学习的四大关键原则

（1）自愿原则

成人在学习某项知识或技能时，首先考虑的就是这项知识或技能对他有没有帮助，他能否借助学到的知识或技能改进他的工作，或者这项知识或技能对于他长期的职业发展和个人成长能否发挥作用。

2017年，我们团队帮助铁建重工学院组织开展"铁建好讲师训练营"的培训工作。铁建重工学院以往开展培训活动，很多人都请假不来，大家把工作当成借口，逃避培训。而我们团队老师为员工打造了岗位经验内化和PPT设计课程，大家纷纷来参加培训。他们意识到了这些课程内容是与他们自身息息相关的，对他们个人的成长大有帮助，所以大家都积极主动地参与学习活动。

因此，只有让成人认识到这项知识或技能对他的作用，他才可能调动自身所有的注意力，让大脑处于高速运转的状态，然后全身心地投入学习中。如果他认为这项知识或技能用处不大，那么无论是他的注意力，还是学习意愿度，都会迅速地下降，培训师讲授的内容对他而言就像背景噪声一样。这样一来，培训的效果就要大打折扣。

（2）经验原则

在接受培训之前，成人已经通过大量的学习、训练和实践，熟练掌握了一系列的知识和技能，再经过潜移默化，这些知识和技能成了他们的经验。丰富的经验对于成人学习来说，既能够发挥很大的作用，也会变成学习的障碍。

一方面，丰富的经验可以使成人比较快地理解培训的内容。他们能够利用自己的经验，对比将要学习的知识，取得举一反三的效果；或者在旧有的知识和新的知识之间搭起桥梁，将新的知识迁移过去。

另一方面，过去的经验在一些时候也会成为成人学习的障碍。由于过去的经验，成人会潜意识地认为某些办法是行得通的，而某些办法是行不通的，因此他们无法跳出经验给他们设置的思维框，从而让自己局限在一小部分可能性里面。对于类似思维导图、金字塔原理这样的课程，很多人都认为这些课程内容自己都会，讲的就是关于结构化思维的东西。但事实上，在实际应用过程中，他们往往很难做到。这就是经验给他们设的限。

华为引进西方先进管理经验时，任正非提出了"三化管理"：先僵化、后优化、再固化，并以此作为业务流程变革的三部曲。在任正非看来，华为是一个高级知识分子聚集的地方，每个人都有自己独到的见解。如果没有将引进的管理方法付诸实践，直接进行企业"优化"，那么员工就会用个人经验来套新的规则，从而陷入"形而上学"，企业内部也很容易出现争执。这很可能会导致企业变革的失败。

经验对成人学习效果的影响是不可避免的，我们在课程设计时，要考虑到学习者的经验背景，避免学习者对培训产生抵触心理。

（3）自主原则

对成人来说，尽管他们需要遵守社会、公司的各种规章制度，但是他们还是希望能够在规定范围内尽可能地行使自主权，获得一定的自由。在培训上，其实也是如此。

相对于那些被动的、强迫式的学习，成人更喜欢能够主动参与的学习，并且希望有自主决策的权利。在他们看来，如果能够主动参与某件事情，积极发挥他们的能动性，就能取得更好的结果。而且，积极主动做成某件事会成为他们自身能力的体现，但如果是被动地去做某件事，他们可能会认为这件事只是被要求去做而已。

现代人际关系学大师戴尔·卡耐基在斯坦福大学管理学院演讲时带去了一只母鸡和一把米。他在演讲开始后把米撒在桌子上，强按着母鸡的头去啄米，结果遭到了母鸡的强烈反抗，母鸡怎么都不肯啄米。卡耐基说："这就像你们未来将要去管理的员工，如果他们自己不想学习，而你们非要让他们去参加培训，那么，培训的成本（那把米）就会被浪费掉。"卡耐基认为，强制性的教育会造成员工的反抗，从而使他们丧失主动学习的本性。

华为在培训方面深谙此理，于是在督促员工学习的过程中以引导为主，也会适当给予他们一定的自主权，以激发员工的自学意识，让员工主动接受指导，从而快速成长起来。

（4）行动原则

正如自愿原则指出的那样，成人之所以接受培训，是因为培训的知识和内容对他们有用。但是，尽管培训的内容通常跟他们的工作或生活息息相关，培训结束之后，许多人仍不能很好地将所学的知识或技能迁移到工作或生活中去。

这是因为他们虽然已经掌握了培训的知识和技能，但之后并没有采取足够的行动来检验和巩固所学的内容，或者他们又习惯性地使用自己过去所掌握的办法行事，然后这些内容就迅速地被遗忘了，无法起到培训应有的效果。

关于成人的学习原则和规律，还有许多研究者也提出了自己的看法。美国著名培训师伊莱恩·碧柯在马尔科姆·诺尔斯提出的"成人学习的四大关键原则"理论的基础上提出了成人学习规律的六个方面，具体如表 1-1 所示。

表 1-1　　　　　　　　碧柯提出的成人学习规律

原则	详细内容
目的明确	成人无论是学习知识还是技能，都带着非常明确的目的，他会首先问自己为什么要学习这些。即便某些知识或技能对于他并没有太大的实用性，但这些知识能够给他带来快乐，或者能够帮助他了解某个行业的情况等等，那么他也会去学习
自我概念	所有人都不希望被强迫去做什么，而成人在面对这一情况时，则通常会考虑是否可以自己做一些决定
经验主义	成人在此前的生活、学习、工作中获得了相当的经验，因此在学习新事物时，他会思考过去的经验能否派上用场
实用主义	大多数成人都希望在学习时，学习的内容和课程的形式能够直接、明确
反思批判	在学习的过程中，成人通常也会思考这门课程是否是他真正需要的
意愿动力	学习某一门课程时，成人的态度通常会趋于两极，要么持积极的态度，要么持消极的态度，而很少持中间的态度

1.3 对接成人学习原则，提升培训效果

根据诺尔斯的成人学习四大关键原则，美国职业培训师哈罗德·D.斯托洛维奇和艾瑞卡·吉普斯在《交互式培训》一书中指出，培训师在进行课程设计和教学引导时，可以从以下几个方面入手。

（1）关注学员需求，让学员自愿参与学习

要想让学员自愿参与学习，就要让他们感受到培训内容是对他们的工作或生活有实实在在的帮助的，要向他们证明他们是需要这些知识或技能的。具体来说，我们可以采取三个措施来实现自愿这一原则：

第一，用实际案例向学员展示将要培训的知识或技能；

第二，突出培训对于学员个人未来发展的重要性；

第三，提供一个机会，让学员自己尝试用知识或技能来解决问题。

实现自愿原则其实也很简单，只要关注需求，展示课程对学员的价值，自然就会吸引学员来参与培训活动，从而使培训更有可能获得成功。

（2）了解学员经验背景，提高培训效率

培训师在准备和进行培训时，只有尽可能地多了解学员的经验背景，培训的效率才会越高，效果也最为明显。可以从以下四个方面去准备和进行培训：

第一，了解学员的基本情况，包括工作岗位、受教育程度、知识结构、兴趣爱好等等；

第二，尽可能采用学员比较熟悉的案例和相关道具来展示知识；

第三，利用学员熟悉的案例和道具，做好学员拥有的知识和经验与培训知识之间的连接，使学员顺利地从旧知识体系迁移到新知识体系中来；

第四，谨防学员的经验给培训造成障碍，帮助学员打破思维定式，跳出自己的经验来思考问题。

（3）给学员一定的自主权，创造更大的价值

为了让培训取得好的成效，培训师也必须利用好成人学习的自主原则，比如说采取以下四个方面的措施：

第一，给学员一些机会，使他们能够参与到培训中来，例如采用提问、讨论、上下课提醒等方式；

第二，让学员们相互分享他们的观点、建议、信息或者亲身经历的案例；

第三，鼓励和赞赏学员提出的独特的或者具有创造力的观点；

第四，对学员的意见和观点不要轻易地下结论或直接否定，避免伤害到他们的自尊心。

（4）培养学员的行动意识，强化实际应用能力

在培训结束之后，培训师应该采取各种办法，使学员能够在工作和生活中使用所学到的知识和技能，不至于遗忘。只有让学员坚持使用，培训才是有效的。为此，培训师可以采取以下一些方法：

第一，向学员展示如何将所学的知识和技能应用到工作和生活中去，并且为他们提供必要的帮助；

第二，尽可能地使培训接近学员的工作和生活环境，这样他们在培训时就可应用相关的知识和技能；

第三，培训要与学员的工作流程对接，使学员的知识体系实现无缝迁移；

第四，无论是培训中还是培训后，都要给学员经常练习的机会。

总之，作为培训工作者，我们的工作是帮助学员更好地学习，这要求我们以学员的需求为出发点来设计培训课程，帮助学员打开学习的思维，使其真正参与到学习中来，并能将培训的知识运用到工作实践中去，为工作带来价值。

2. 以学员为中心的学习

尽管很多培训工作者都了解成人的学习原则，但是他们在设计培训课程时，并不能完全做到"以学员为中心"。随着时代的发展，"以学员为中心"这一培训理念早已成为业界共识。但如何落地"以学员为中心"的学习，则是所有培训工作者需要思考的问题。

2.1 革新培训理念，转变培训方式

传统的培训方式，大多是以教师为中心的，或者更准确地说，是以培训的内容为中心的。培训者主要围绕着如何将培训内容传输给学员展开各项工作，他们思考的首要问题是讲的内容是否能清晰完整地传递给学员，至于学员能否完全理解培训内容，能否将学习的知识和技能应用到实际工作中去，这些都很少去考虑。

因此，传统的培训方式很容易出现学员参与度不高、学习注意力无法集中或者培训内容无法有效落地等情况，导致企业所做的培训工作无法为企业业务发展提供有效的推动力。

面对日新月异的时代和企业快速发展的实际要求，传统的培训方式越来越难满足企业对于员工技能的需要。正是基于这样的现状，"以学员为中心"的培训方式才得到越来越多的企业的重视。只有转变培训理念，将以教师为中心转变为以学员为中心，培训才能支撑企业业务的发展。

"以学员为中心"的学习主要可以从两个方面来实现：第一，针对学员的个性需求，制定量体裁衣的培训内容和方式，有针对性地安排相应的培训

课程。有研究表明，这种定制化的学习能够最大限度地激发学员的内在潜力，发挥他们的价值。第二，针对学员必须要掌握的能力来设定课程内容，即学员在学习某项知识和技能之前，必须要掌握相关的能力，包括知识结构、素质、技能等方面的能力。只有掌握相关的能力，培训才能得以进行。

华为大学的培训课程体系是分类别、分层级向员工开放的。华为按照职位类别建立了管理、技术、专业和生产四个大类的课程体系，而每一大类的课程下又进行了层次的区分。例如管理类基础课程包括管理类三级课程、管理类四级课程、管理类五级课程。设置了分类、分级别的培训课程体系之后，培训也就有了针对性。简单地说，员工在什么岗位上，就学与之对应的课程。课程难度呈阶梯状上升，使员工的学习有一个递进的过程，符合学习的一般规律，既避免了重复学习，也避免了由于跨度太大导致学员无法理解课程的知识。

"以学员为中心"的培训方式将学习的主动权交还给学习者本人，能充分激发学习者的内在学习动机，推动他们主动去学习，避免了出现传统培训单向灌输、学员被动接受的局面。

2.2 转变心态，积极引导培训

事实上，我们在接受教育时，经常会厌烦灌输式的学习，但是一旦我们成为培训者，又很容易重复那些原本令自己讨厌的做法。

要做到"以学员为中心"，培训工作者就必须做好心态上的转变，从一个给学员灌输知识的老师变成一个引导学员学习、讨论、研究、分享的引导者。

　　师者，所以传道授业解惑也。在传统的认识里，学校的老师也好，企业的培训师也好，都承担着传道授业解惑的角色，在许多情况下，他们都被视为全方面领先于学员的存在，他们对于知识的理解、技能的掌握、专业领域的认知，都应该超过学员，只有这样才能解答学员在学习相关内容时遇到的疑惑。

　　但如今，知识和技能的领域越发细分，每一个领域之间的区分很明显，在这种情况下，一个人想深度掌握多个领域的内容是不太现实的事情。培训师也是如此，他不可能掌握所有的内容，也不必掌握所有的内容。

　　所以，如今对培训师的要求也发生了变化。培训师应该树立起这样一个观念：培训师不再是简单灌输知识的角色。在"以学员为中心"的学习中，培训师需要起到引导的作用，培训师和学员之间并非简单的师生关系，而是更为紧密的、互相协助的关系，所有人都基于某一方面或领域的知识、技能进行探讨和研究。甚至在讨论中，学员可能比培训师更快地理解或掌握某些概念。总而言之，这是一个集体的学习活动，而培训师就是集体学习活动中引导学习方向的角色。

　　埃森哲公司提倡员工自己在培训中找出正确的答案，因此他们会让员工自己选择要利用的学习资源，确定要掌握的知识、方法和工具。培训师只作为他们的教练、导师、引导者，帮助他们提升学习效率。埃森哲职业教育中心的前教育专家乔尔·蒙哥马利表示："现在的学员在学习过程中更加主动，并且对自身的学习情况负责。学员必须运用他们学到的知识，而不只是机械地重复他们了解到的知识。"同时，埃森哲还允许员工自主安排学习进度，在需要的时候即时获得培训。

让员工根据需求来选择学习项目，这种方式给了员工很大的自主权和决策权，也提升了他们参与学习活动的积极性。

在学习中，要做好引导工作并非一件轻而易举的事情。因为作为培训师，必须在培训的过程中将学习导向更为合理的方向，这样才能确保培训围绕着预期的目标展开，不至于偏离方向。

那么，培训师就必须在培训之前做好备课工作，并对培训的内容领域有着深刻的理解和认识。只有这样，在培训的过程中，培训师才能做好引导工作，应对可能遇到的问题，解答学员学习中的疑惑。也就是说，讲师要正确地认识自己、学员、课程之间的关系。这个角色的心态和认识，关系到课程的成败。

2.3 全方位保障，满足学员需求

要让培训真正做到以学员为中心，培训师不仅要做好心态上的转变，而且要在整个培训的管理上提供全方位的保障，满足学员各项需求，让学员全身心地投入到学习中去。正如美国培训师先驱鲍勃·派克指出的那样，"如果要让一场培训成为创新性的、可以调动学员的过程，80%要依赖之前的充分准备。"

培训管理对学员的保障涉及以下几个方面，如表1-2所示。

表1-2　　　　　　　　　　培训保障表

方面	内容
后勤保障	后勤保障既包括整个培训课程以外的事项，比如培训时间、地点的安排，也包括培训课程内的相关事项，比如必要的理论学习资料，以及必要的学习工具、表单、道具等等

续前表

方面	内容
场地保障	培训场地的布置应该尽可能地接近实际的业务环境，这样会使学员感觉比较熟悉和亲切。另外，场地布置也要方便培训师与学员之间的交流，以及学员与学员之间的交流
培训内容	以学员为中心的培训意味着在培训内容方面必须全面考虑学员的需求和认知，并且在课程内容的设计上有针对性地做出调整，确保培训内容能够被学员吸收理解，也能解决学员实际工作中遇到的问题
教学方式	要保证培训的效果，那么在教学方式上就要考虑如何让学员更容易接受内容，包括以什么样的方式输出和表达培训内容，根据课程内容和性质选择不同的授课方式、设计不同的互动方式等
培训后支持	灵活开展作业设计、课后答疑、辩论释惑、难点会诊等多项有效的课后跟踪辅导活动，增强培训的针对性和实效性，切实提高培训质量和培训效果，为学员提供有保障的训后服务

惠而浦公司的"企业发展中心"占地56 000平方英尺（约合5 202.57平方米），中心配置了视频、音响系统、分组会议室和带有计算机控制的大屏幕环形剧场。除了这些硬件外，"企业发展中心"在地理位置上毗邻惠而浦公司总部行政中心，这样就为高层管理者来这里上课提供了便利，使得在中心接受培训的学员中有一半都聆听到了总部领导层的授课。

在培训内容上，惠而浦基于自身的现状和员工的需求，不断地调整原有课程当中的内容，例如针对中国员工，惠而浦重新设计了总校课程中的案例，加入了很多本土化的情境内容；同时，增设了语言类的课程，帮助员工学习英文等。

在教学方式上，针对中国员工的英语培训，首要要求就是保证课堂的趣味性。惠而浦对上课模式有所规定，要求培训师通过游戏炒热课堂气氛。另外还安排学员进行现场演示，老师可以随时纠正学员在演示中产生的错误，包括中国式英语表达、重音位置不对、发音不准确等问题。

在学习过程中，我们可以通过提供全方位的保障，确保培训能满足学员的需要，从而提高培训成功的可能性，真正实现培训的价值。

3. 未来趋势下的成人学习

随着培训工作者观念的转变，业界诞生了许多新的培训方式的概念，其中"场景化学习"非常突出。有研究人员指出，在未来几年，场景化学习将成为一种不可逆转的学习趋势。当下，尽管场景化学习对于许多企业和培训师来说都还是一个崭新的事物，但它作为一种全新的教学模式，其接受程度远远超过了一般人的认知。因此，无论是企业也好，培训师也好，还是接受培训的学员也好，都必须拥抱未来的这种趋势，从观念到心态、从形式到内容加速向场景化学习迁移。

3.1 带入情境，让学员参与其中

场景原本是电影术语，指电影、戏剧中的场面。今天，场景的概念和内涵正在不断地延伸，包括商业、教育等领域，都引入了场景的概念。商业和教育领域的场景并非是一个纯粹的空间概念，而是一个复合的概念。在商业领域，一定的空间内，厂商推出的某项产品能够全方位满足用户的需求，这就是商业的场景。而在教育领域，所谓场景，实际上是指通过恰当的方式，在教学方式上尽量地去还原企业的日常经营活动，这也是为了能够全面满足学员或者用户的需求。

无论是在商业领域，还是在教育领域，场景最重要的特点就是能够将用

户带入某个指定的情境，从视觉、听觉、嗅觉、触觉等多个角度尽可能调动用户的注意力，以全面触动用户在情感、体验、认知等方面的感知。

举例来说，作为不同类型的表现形式，小说、电影和电子游戏在调动体验感的程度上有着极大的区别。小说以文字的方式呈现给读者，要求读者借助视觉将抽象化的故事文本具象化，然后进行感知和理解。电影则是视听的艺术，主要调动观众的视觉和听觉，当然现在有了"4D影院"，还能够调动触觉。电子游戏与电影类似，调动的是观众的视觉和听觉，但不同之处在于，电影的体验是预设的，观众无法主动做出抉择，而电子游戏的体验具有一定的自由度，玩游戏的人可以主动做出各种抉择。因此，小说对人的理解力要求最高，体验感最弱；电影对人的理解力要求没那么高，也有比较强的体验感；电子游戏对人的理解力要求很低，但体验感极强，几乎人人都能很快地上手，并且沉浸其中。

场景化学习实际上也是如此，借助多样化的方式、工具来激发学员各种知觉的注意力。场景化学习通过精心设计的场景，充分调动学员的所有感官，使其实现从外部信息获取到内部思想形成的转化，从而大大提高教学的效率。

学习活动必须承接企业文化建设，将企业文化植入每一位员工的心中，以此形成统一的、被认可的价值观，用以指导职业行为。场景时代下的案例教学就能发挥这个作用。

例如某金融平台就做过类似的项目。金融行业的企业普遍的特点是：年轻人特别多，员工流失率特别高，人员变动很大。而且在这个行业，诚信又很重要。因此，平台非常重视企业价值观的宣导。用我们常规的思路去宣贯价值观，就是要求大家去背、去记公司的价值观是什么、愿景是什么。但是，对于年轻人而言，越采取这种强制性的灌输方式，其反抗性越强。为此，该平台的案例委员会做了一本案例集，其集中呈现的其实就是发生在该平台员工身上的一系列真实故事，这些故事全部围绕着公司的核心价值观，比如诚信、专业等等。通过这种场景化案例的学习，更多人能感同身受，从而认可企业文化和价值观，主动去践行和传承企业文化和价值观。

因此，场景化学习主要围绕着实际工作场景来开发和设计课程内容，目的是让学员参与到其中，找到那些能解决问题的方法和工具。由于采用的是真实的信息和真实的组织结构，这样的培训对学员来说会更加有效。

3.2 重构内容与学员的连接

在传统的培训中，培训内容与学员之间是间接的关系，这中间存在天然的隔阂，需要讲师这样的中间角色作为连接两端的桥梁，培训内容和学员之间的关系才能顺利打通。而场景化学习构建的是培训内容与学员之间更为直接的强关系。尽管在场景化学习中，讲师的角色仍然极其重要，但讲师不再是一个培训内容和学员之间的中间人，而是与场景融合在一起，成为场景的一部分了。这样一来，学员接触到的是场景，也就是培训内容。

对场景的应用，商业领域更为纯熟和广泛。星巴克的"第三空间"便是利用场景打造企业品牌形象极好的案例。星巴克自成立起，就不仅仅将自己定位为售卖咖啡的企业,而是一直强调星巴克"第三空间"的概念。围绕着这个概念,星巴克着重从产品、服务、空间三个方面改善和优化。

首先在产品上,星巴克制定了一整套咖啡采购指导原则。咖啡从种植到成品都严格符合星巴克制定的标准,顾客在任何一家星巴克买到的咖啡在口味上都是高度一致的。

其次在服务上,星巴克给顾客营造了一种亲切的感觉,让顾客认识到,在星巴克,他们不仅仅是顾客,也是朋友。星巴克也积极鼓励员工和顾客进行交流,比如给顾客介绍咖啡、谈论咖啡知识等等。

最后在空间上,星巴克也尤其注意拉近与顾客的距离,从店铺外立面设计到店面内部摆设等等,都由专门的设计师负责设计。

于是,星巴克成功营造了这样一种理念:去星巴克,不仅仅是简单的喝咖啡的行为,而是一种综合性的体验活动。借助这一理念,星巴克成功地将自己的品牌和理念,与用户连接起来。这就是所谓的场景营销。

星巴克的案例也给场景化学习提供了极好的参考样板。场景化学习同样不是一个简单的学习或者培训活动,而是一个极具代入感的体验活动。通过还原和重构业务场景,学员在场景化学习中不知不觉吸收理解了培训的内容。也就是说,场景即是培训内容。

2018年,我们的内部老师负责湖南常德的一个培训项目,该项目以问题咨询的形式展开,参与者通过现场提问参与思考互动。以下是课堂中的一部分研讨问题。

1. 关于执行力的问题

(1)如何加强员工的执行力?

（2）如何调动员工的积极性？

（3）管理人员遇到关系户的时候，执行力如何落地？

2. 关于组织人才选育用留的问题

（1）如何提升中层管理人员的管理能力、沟通能力以及领导能力？

（2）如何优化企业的人才结构？

（3）员工的流失率高，如何保证员工的稳定性？

在参与者提问后，导师负责现场解答，从问题的现象呈现到深层次的原因分析，以及解决思路、方法论等等都做出了介绍。这种企业咨询式的课题辅导，以情境问题为导向，整个过程将学员与学习内容紧密地联系在一起，为企业提供了一整套的问题解决方案。

场景化学习把真实的业务场景，搬到课堂上来，把原有的那些知识打散，再重新组合在一起，去解决一些实际工作场景中的问题。这些业务场景不是来自外部这些专业的老师或者专家，而是来自员工本人，来自距离客户、离业务最近的那些人。这种落实到具体的业务场景上的教学方式，有效保障了学习活动的成果输出。

3.3 场景化学习将成为主流学习趋势

为了构建学习型组织，企业对于培训的认识也在不断加深，越来越多的企业都选择了把场景化学习作为主要的培训方式，希望通过场景化学习提升工作业绩。

当今社会学习技术发展得越来越快，其中有一个数据我们可以了解一下。这个数据是《2015年度企业大学白皮书》里面的一个调研结果，该调研主要是调查大家认为未来会用得更多的企业培训方式，结果显示只有不到三分之一的人选择标准面授，这是最传统的培训方式，同时也占据了目前培训工作最主要的市场。在这个调研中大家选择最多的是什么呢？移动学习、行动学习、场景化学习这三个学习技术，是多数人的选择，也就是说，超过三分之二的人认为未来这三种学习技术会占据更大的学习市场。其中，场景化学习成为首要选择，并且选择场景化学习的人数还在持续增长，比重也在持续增加。

以阿里云大学为例。截至 2017 年年底，阿里云大学已经推出了 50 多个 Clouder 认证课程，涵盖云计算、大数据分析、大数据开发、云安全四大领域。

阿里云结合用户实际场景需求，推出了互联网化、轻量级的场景化认证课程 Apsara Clouder，用户可以在线上进行课程学习、实验和考试。不同地区的用户能够很好地利用自己的碎片时间，进行学习，掌握云计算、大数据或云安全等相关方面的技能，并拿到技能证书。相对于传统的培训课程，阿里云这种轻量级的技能教学模式更能激发用户的学习兴趣，实验模块和考试模块也极大地方便了学习者检验自己的技能掌握情况。据统计，到 2017 年年底，阿里云技能认证参与人次已经突破了 3 万大关。

与此同时，随着培训技术的发展，场景化学习也在不断进化，从课程设计、教学方式，到学习途径、资源构建都在积极适应时代的变化。

其中最大的变化是线上与线下学习的紧密结合。在过去的培训理念中，线上学习和线下学习是相互替代的关系，但场景化学习却打破了这种藩篱，使线上和线下融合起来。因此，如今许多企业都已经建设了自己的云学习平台，学员可以利用空余时间自己在云学习平台学习相关知识。例如，华为将云学习平台称为"三朵云"：第一朵云是知识云，里面包含大量的标准化知识内容；第二朵云是方案云，包含各场景下的解决方案；第三朵云是体验云，集中体验最新的产品，如图1-2所示。

因此，场景化学习是非常适应这个时代的一种学习方式——通过一套场景化学习和体验的教学设计，学员能够发现问题，并创造出解决方案，从而提升成就感。未来，场景化学习会更加普及。

知识云	标准化的知识内容
方案云	各场景下的解决方案
体验云	集中体验最新的产品

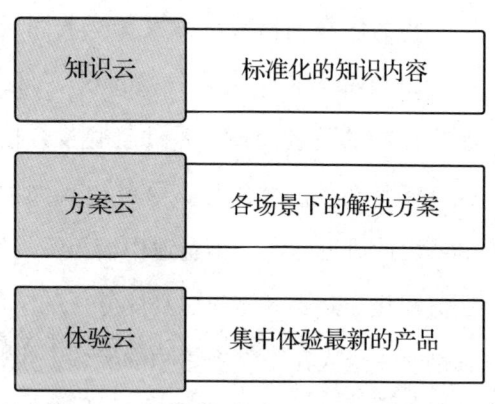

图1-2 华为云学习平台的"三朵云"

4. 场景化学习的价值

场景化学习之所以受到广大企业的青睐与认可，成为企业培训的主流方式，是因为其强烈的代入感和灵活的教学方式不仅能够萃取组织经验，对接日常业务场景中的痛点，而且能够让学员将学习的内容迅速落地，转化为工作中的实际业绩。

4.1 萃取经验，有效管理知识

华为公司总裁任正非曾指出，华为走过的道路是曲折崎岖的，这中间既有经验也有教训，这些经验和教训是华为宝贵的财富。面对国际化大企业强有力的竞争，华为要走向规模化经营，就必须将这些宝贵的积累与探索，与先进的管理思想和方法结合起来，并将其升华，使其成为指导华为前进的理论，并且在实践中不断地优化，从而引导华为正确地发展。

华为内部刊物《华为人》上曾刊载过这样一个故事：日本一家汽车企业的 QCC（品管圈）主管发现部分零件上有毛刺，就自己买一把锉刀，把问题零件上的毛刺锉掉，零件就验收合格了。但他并没有把自己的经验告诉别人，于是在他退休以后，零件出现大批量的不合格。

由此可见，在一个企业中，组织的经验传承是非常重要的。尤其在一些无法流程化、需要具体问题具体分析的岗位上，更需要个人的经验和过往数据的辅助。一个人在工作中累积的经验，也是企业重要的财富，只有让这些经验继续传承下去，才不至于因为一个人的离去而导致一系列问题的出现。

普华永道作为全球第二大专业服务企业，具有非常成熟的知识管理体系。知识管理对于普华永道公司来说非常重要，其公司员工的大部分时间都在创造和分享知识，一方面知识分享可以让即时变化的信息在全公司范围内流动，保证大家及时了解到各种政策、制度的变化；另一方面由于公司的员工流失率较高，知识分享可以帮助企业及时储存知识。为此，普华永道建立了最佳实践信息库——KnowledgeView，其中包含企业内外部的最佳实践案例、标杆研究、专家观点、行业发展趋势等。

但随着时代的发展，包括华为在内的许多企业都认识到，单凭案例库还远远无法将组织经验传承下去。因为案例库只是将相关案例提取出来，没有经过系统化的整合与提炼，所以它能够在一定程度上满足企业和员工的需要，但无法进一步适应时代和业务的发展。

这就需要企业借助场景化学习的方法和工具，对组织经验进行萃取、提炼出相对通用的理论、方法论。与案例库相比，组织经验萃取最大的改进在于可以复制流程、步骤、方法、工具、模板、口诀。也就是说，即便是没有任何经验的员工，在学习和理解相关操作之后，也能够按照具体操作的流程开展工作。

4.2　对接业务痛点，解决实际问题

过去培训时，学员往往都感觉很好，认为自己学到了东西，企业也很满意。但培训结束之后，学员却无法将培训所学的内容应用到业务场景中去。因为许多传统的培训课程在设计上就没有考虑到对接业务痛点的问题，培训与业务是割裂开来的，没有形成最直接的连接关系。这是许多企业都存在的问题，培训了一次又一次，却看不到效果。

场景化学习最大的特点在于，培训内容来自实际的业务场景，会专门针对企业在实际业务场景中所遇到的问题、困难和挑战，提出系统性的、可复制的、可执行的方案。

德勤公司是全球最大的专业服务企业，"坚持员工终身学习"是德勤公司构建人力资源战略的基础。

德勤公司为每个员工都制订了学习计划，它的"雄冠全球"模型清晰地显示了组织绩效期望与员工个人专业发展路径之间的强关系，并以此为基础，推演出了员工的行为测量指标。德勤公司电子化学习总监凯瑟琳·哈伦斯坦指出："现在我们员工的学习更加契合业务目标，与业务密不可分，我们聚焦于有用的培训。"

在为员工制订学习计划时，德勤公司会首先咨询业务部门的意见，以支持完成公司业务目标为原则，与业务部门共同为员工设定学习方向，制定学

习课程。这样一来，学习与实践就紧密地联系在一起了。

一旦学习活动与企业业务实践结合起来，学习带来的变化将显而易见。场景化学习将实际工作场景，特别是挑战性场景和痛点场景，与学习过程融为一体，通过对接场景和学习活动，既能够快速改善业务痛点、解决实际问题，也符合学员改善工作方法和提升绩效的需要。

4.3 知识迁移，高效落地学习内容

根据美国学者玛丽·布罗德（Mary Broad）的研究，企业员工接受培训学习之后，只有不足10%的知识能迁移到实际工作中。显然，如此低下的知识迁移效率极大地限制了培训对于企业业务发展的支撑作用。

美国著名培训师迈克尔·马奎特在其著作《学习型组织的顶层设计》中指出，阻碍企业员工将技能迁移到实际工作中的原因较为复杂，最重要的原因在于知识管理是一个循环的系统，如图1-3所示。

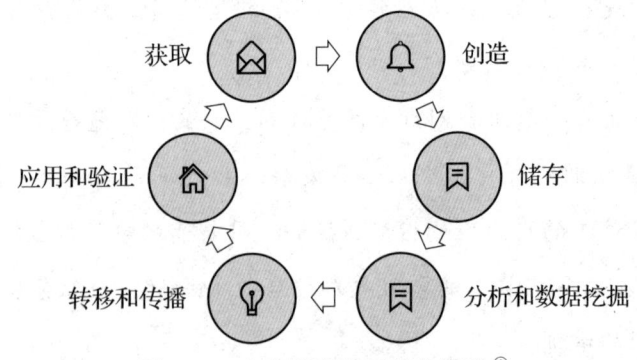

图1-3 知识管理的系统化模型[1]

---

[1] 迈克尔 J. 马奎特. 学习型组织的顶层设计：原书第3版. 顾增旺, 周蓓华, 译. 北京：机械工业出版社, 2016: 141.

也就是说，从知识的获取，到创造、储存、分析和数据挖掘，再到转移和传播、应用和验证，是一个循环流动的过程。只有让知识管理的系统顺利地循环运转起来，培训的知识内容才能够发挥应有的效果，才能顺利地将学习内容应用到工作中去。

为了让即将退休的元老级人物的丰富经验和宝贵的知识流传下来，美国宇航局启动了一项知识迁移计划。在这个计划中，一些团队采取了"午餐会议"的形式，讨论大家碰到的技术难题。在这种讨论中，信息得到了充分的交流，年轻员工接触到了特定的专业知识。这样，既能够让专业的技术知识得到沉淀并传承下去，也使年轻员工学会了更多解决实际问题的方法。

场景化学习中的场景都来自企业实际的工作典型情境，与学习者遇到的问题和挑战非常一致。企业员工在训练中遇到的场景，也是工作中将要面临的场景，而场景化学习就是要训练学员熟练应对这些场景的能力，使他们能够很快地将学习内容应用到实际工作中。

5. 场景化学习的应用方向

场景化学习是未来学习的主流趋势已经成为大多数企业和培训界的共识，基于这一共识，无论是企业还是培训界人士，都在积极探讨未来场景化学习的应用方向，以及如何使场景化学习能够更好地服务学员，同时也有力地支撑企业的战略和业务发展。

5.1 改善业务痛点，提升组织效能

并非所有的工作场景都同等重要，不同的场景对业务的影响程度显然是不一样的。业务痛点是绝大多数企业最常见的、令管理者头痛的问题，所有的企业都希望能够行之有效地解决业务痛点。

宜家是一家源自瑞典的家具家装公司，如今已成长为世界上最大的家具家装公司，在全球 29 个国家和地区拥有超过 300 家商场。为什么宜家在世界范围内广受人们的欢迎？

宜家几乎所有的家具都是组装式，所以不会占据太多的空间，便于消费者将东西运回家。但组装式家具最大的问题在于，对于那些缺乏经验的消费者来说，组装起来非常麻烦，并且非常有可能会装错。

因此，宜家给消费者准备了细致详尽的安装说明书，让所有没有组装家具经验的消费者都能够根据安装说明书的指示，将家具顺利组合起来。

宜家的安装说明书没有文字，完全以图片的方式呈现内容，这就保证了任何一个国家或地区的消费者都能够看懂说明书。在说明书里面，宜家会首先将所有的部件一一列示并分类，对于那些小的螺丝，宜家还完全遵照一比一的比例展示，确保消费者能够将螺丝正确区分开来。此外，宜家的安装完全按照安装步骤指示和说明，对于大的物件，还分成不同安装的阶段。

宜家正是通过这些细致入微的细节，改善业务痛点，才让消费者接受了他们的组装式家具，因而成为一家全球化的公司。企业组织培训活动也是如此，只有当学习能为组织绩效做出更多贡献时，企业领导者才会认为它是

必不可少的。组织里的业绩和生存才是第一要务，因此不应是为了学习而学习，学习只有与组织业务相联系，才有助于企业在市场竞争中获胜。

摩托罗拉大学在创办之初，就将改善业务痛点定为办学方向。为了使培训更切合实际，摩托罗拉推出了大量的在岗学徒项目。华盛顿前劳动经济学家安东尼·卡利威尔表示："摩托罗拉的培训项目与公司战略高度契合，它的培训项目是为了解决绩效难题，而不仅仅是建一所学校。"

美国西北大学学习科学研究所主任罗杰·思坎克为埃森哲公司推出了以目标为导向的情景式学习项目，该项目通过模拟业务场景，帮助员工找到他们在工作中所需要的知识和技能，通过个人的技能提升和知识获取，达到改善业务痛点的目标。

对于场景化学习来说，未来也应该从课程设计、教学方式、教学引导等方面去改善培训，切实地解决企业的业务痛点，提升组织的效能。

5.2 专注人才培养，强化个人实战能力

组织培训经常会面临这样一些情况：培训按部就班地开展，但一番折腾后，什么都没有留下，一年下来又清零；学习与应用脱节，应知应会可以秒懂，但一到具体业务中就手足无措……这些情况都说明了一个问题：员工的学习成果在实际转化中出了问题，无法将知识转化成工作业绩。

在传统的培训方式下，企业培训管理工作者经常会为了培训效果的转化而头痛：明明投入了大量的资源组织员工开展各类学习活动，最终他们的工作业绩却依旧无法得到提升。为了解决这个问题，我们提倡应用场景化教学方式，

让员工在实际工作场景中理解知识，进而将学习成果转化为实际业绩。

M公司是一个生产冷藏车的专业工厂，现有职工3 100人，其中第一线生产人员1 100人，年产冷藏车1 000辆，远销罗马尼亚、保加利亚、中国等十几个国家。

该公司非常重视员工培训工作，培训内容包括基础理论学习和实际操作练习，由既有理论知识又有实践经验的工程师来担任理论部分的教学工作。课程结束后，员工需参加理论考试，考试合格者方可上岗；不合格者可进行一次补考，若补考不合格，则安排在3个月后再次参加培训。

该公司设有专门培训基地，有各种培训用的设备和仪器，并聘请有实践经验的工人进行辅导。实际操作练习后也要参加考试，如焊钳工和CO_2焊工都要经过16个不同试件的焊接练习，每焊一个试件，要在练习一个阶段后，进行这个试件的考试，如考试不及格，再给予一次补考机会；若连续不及格，则取消培训资格。

这种培训方法的选用，使学员能对所学内容学以致用，将学习内容由理论认识延伸到工作实践，从而极大地提高了员工的工作水平。

作为通信领域的领导者和国内的培训标杆企业，华为很早就开始尝试利用新的培训方式和理念来培训员工，做到训战结合。

张泽波是华为GTS员工培训平台部硬装工程营教师，每当面对新面孔时，张泽波都会以同样的开场白迎接他们："大家好，欢迎来到广东东莞基地，我是基地的培训老师。只有上过战场，打过枪，才能当将军。你们要珍惜公司提供的到一线实践的培训机会，只有真正动手干过，才能更好地了解公司产品及一线交付流程。"

为了让广大华为员工发扬艰苦奋斗精神，深入一线了解站点交付流程，华为建立了训战结合的培训平台。张泽波所在的培训部在各个区域搭建硬装培训基地，张泽波带领学员到站点进行华为设备安装及理论传授，跟合作方的施工队长差不多。

培训部的站点选址可谓"上天入地"，张泽波带领学员们奔跑在连绵起伏的高山上，穿梭在万木峥嵘的森林里，出入高耸入云的高楼，也钻进阴暗潮湿的地下室。甚至有学员凌晨发微信给他，请他帮忙检查端子质量，因为第二天要进行出营考核。经过培训和重新赋能，有的学员回到了原来的岗位，也有的学员去了新的岗位，但他们都利用崭新的知识，在舞台上发光发亮。

事实上，训战结合也是场景化学习的一种形式，它更加强调员工个人的实践能力，注重在实战中教会员工所需的知识和技能，并帮助他们将这些知识和技能成功运用到工作中去，弥补了传统培训方式的缺陷。

总的来说，场景化学习在提升人才能力方面效果显著，因为场景化学习相当重视培训结束之后的跟踪环节，对于学员的认知、行为以及绩效方面都有追踪和评估，确保培训对学员能力的提升作用。

5.3 应用实际场景，提升组织管理水平

一般来说，企业的实际工作流程往往比较固定，这其中涉及相当多的工作节点，节点之下可细分为许多业务场景。这些固定的流程往往并非是最优的，也并非是效率最高的。但在日常运营中，这些并非最优的业务流程或者节点是不太容易被察觉的，因为当员工习惯了这样的流程之后，便下意识地认为当前

的情况是最优的，只有当问题越来越突出时，人们才会考虑去改变。

场景化学习中的场景都来自实际的业务场景，所以对于业务流程或节点有着很高的还原度。在培训的过程中，培训师和学员会不断地对业务场景进行探讨，研究改进方向，这样业务流程就得到了改善的机会，再经过实际推行，企业的管理也就得到了优化。

华为的项目管理培训充分利用了场景化学习的形式。华为项目管理培训的第一步就是学员通过慕课自学项目管理的基本知识，时间和地点由员工自由掌握，从而合理分配工作的时间和培训的时间。

在慕课完成自学后，学员来到华为大学的课堂学习，这是第二步。课堂会把学员分成不同的小组，每个小组都将拿到大量真实的项目案例资料，学员会根据前期学习的项目管理知识，对案例进行识别和分析。

第三步则是学员依据前期所学到的理论知识和在课堂上已经了解的项目案例，制作一份项目实施计划和实施方案。这需要小组内所有学员的配合。同时，华为也会邀请项目管理的资深专家，评估学员的计划实施方案，引导他们发现实施方案的优劣势。

那些比较成熟的计划实施方案会由专家帮助学员进行修改，并真正开始执行。项目结束后，学员还会对项目进行复盘，从而发现问题并找到原因，最终将自身的经验和所学知识融合在一起。

随着市场竞争的日益激烈，企业要想在激烈的市场竞争中立于不败之地，必须不断地提高管理水平，因为企业管理水平的高低决定着企业发展的方向与持续经营的时间。因此，企业在组织培训时，可以采用场景化学习的方式，通过应用实际场景，改善组织业务流程，不断地提升组织管理水平。

第2章
场景还原

在企业场景化学习建设过程中，要以岗位角色为抓手来收集场景资源，然后通过挖掘案例的背景逻辑，将整个案例事件还原，抓住关键性场景提取真实有效的素材，帮助我们进行场景重构。

1. 拆解业务流程，梳理关键工作节点

在企业学习建设过程中，必须嵌入业务场景，通过典型业务场景设计赋能动作。在还原业务场景的过程中，首先要梳理业务流程，通过拆解业务流程，聚焦关键工作节点。

1.1 以业务为导向梳理流程

企业不同，它的输入和输出，以及产品的生产环境都相差较大，好的学习管理者，必须重视有针对性的课程开发和赋能培训。

企业的价值创造是通过一系列生产经营活动来完成的，这些活动可分为基本活动（包括生产作业、市场和销售、后勤服务等）和辅助活动（包括物料采购、技术开发、人力资源管理和企业基础设施建设等）两类。这两类内容不同但相互关联的活动，构成了一个创造价值的动态过程，即价值链。价值链通过价值梳理，获得流程的期望结果，如图2-1所示。

对于价值链，首先需要仔细梳理公司流程中的关键活动，其次将这些信息加以整理，从而形成有次序、逻辑密切的价值链。

对价值链进行梳理具有以下作用：

- 帮助企业在战略层次上对各项业务活动展开全局范围内的考察。
- 使企业明确所设计流程要达到的目的。
- 以价值导向为基础来设计流程的期望结果。

企业基础活动	战略规划	生产计划	财务会计	法律/外部关系	
人力资源管理	组织设计与岗位优化	绩效考核	人才发展	薪酬激励	利润
技术开发	工艺技术	生产流程改造	产品技术含量	发展核心技术	
采购管理	采购策略	选择供应商	采购质量控制	跟踪供应商	
	对内物流	生产经营	对外物流	市场销售	服务
	·原材料搬运 ·仓库管理 ·库存控制 ·设备维护	·生产计划 ·生产流程 ·设备维修与维护 ·设施管理 ·品质管控 ·安全环保	·成品库管理 ·成品配送 ·客户订单处理	·市场细分 ·产品组合 ·定价 ·渠道选择 ·渠道维护 ·销售队伍	利润

图 2-1 基于价值链的关键活动梳理

在华为，以业务为导向设计和规划的流程其实质是跨越了多个职能部门的一组为客户创造价值的相互关联的活动进程。在业务的作业范围中需要明确每个层级流程上的活动任务，确保每项活动在科学的流程轨道上规范运行。

那么，在华为内部整个业务流程里面，他们是如何去复制经验的呢？首先，华为人把业务流程进行拆解，然后在每个业务流程的场景下面，主管领导会让员工输出大量的案例。也就是说，在整个的业务流程当中，每一个环节都有大量内部的案例进行输出。

这样的学习体系建设方式在不同的企业中都可以实现，例如我们之前主导的某金融公司学习发展项目，针对全流程的案例群开发与应用，几乎囊括了公司业务流程下的成功经验和痛点问题，员工通过学习相关案例可以解决众多实操难题，如图2-2所示。

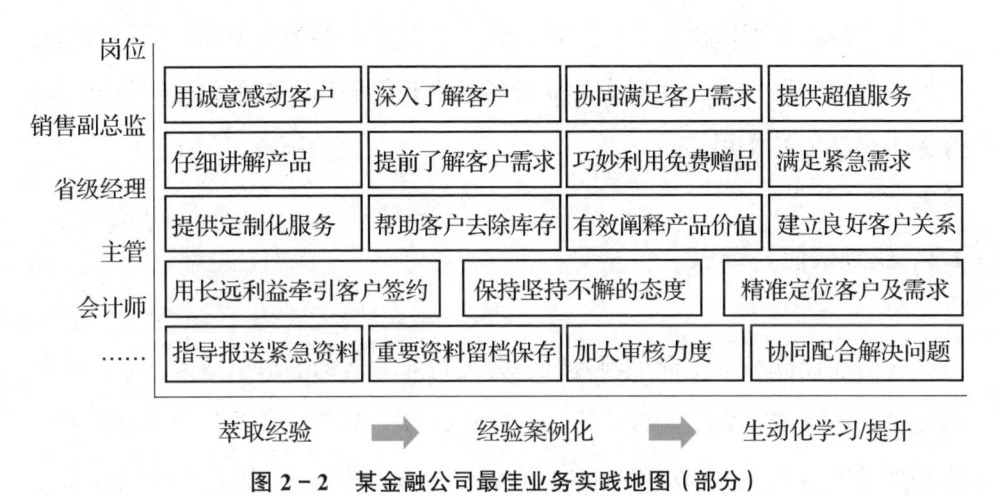

岗位				
销售副总监	用诚意感动客户	深入了解客户	协同满足客户需求	提供超值服务
省级经理	仔细讲解产品	提前了解客户需求	巧妙利用免费赠品	满足紧急需求
主管	提供定制化服务	帮助客户去除库存	有效阐释产品价值	建立良好客户关系
会计师	用长远利益牵引客户签约	保持坚持不懈的态度		精准定位客户及需求
……	指导报送紧急资料	重要资料留档保存	加大审核力度	协同配合解决问题

萃取经验 ➡ 经验案例化 ➡ 生动化学习/提升

图2-2 某金融公司最佳业务实践地图（部分）

通过分析调研问卷和访谈笔记，顾问导师发现该金融公司组织氛围较好，进一步真诚沟通后又抓取了一批业务痛点（图2-3），为场景化课程开发提供了直面问题、促进业务健康发展的新视角。

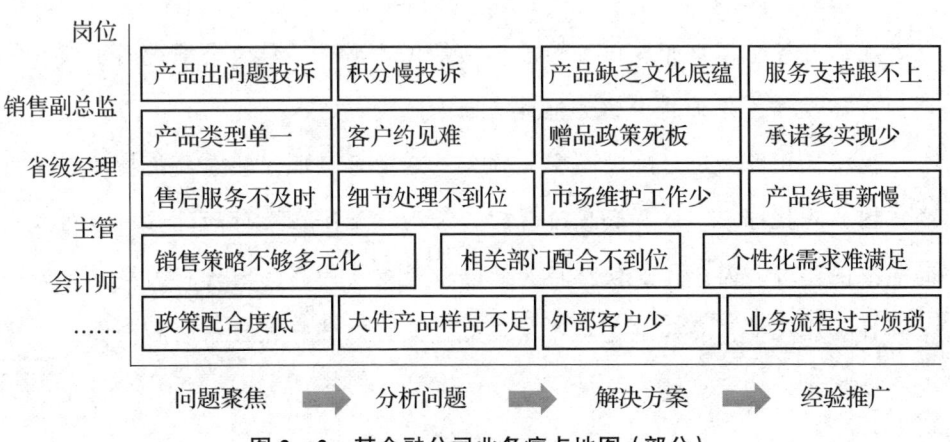

岗位				
销售副总监	产品出问题投诉	积分慢投诉	产品缺乏文化底蕴	服务支持跟不上
省级经理	产品类型单一	客户约见难	赠品政策死板	承诺多实现少
主管	售后服务不及时	细节处理不到位	市场维护工作少	产品线更新慢
会计师	销售策略不够多元化	相关部门配合不到位		个性化需求难满足
……	政策配合度低	大件产品样品不足	外部客户少	业务流程过于烦琐

问题聚焦 ➡ 分析问题 ➡ 解决方案 ➡ 经验推广

图2-3 某金融公司业务痛点地图（部分）

业务流程的梳理是我们场景化学习的第一步，通过对业务活动中各个动作进行细致、严谨、有序的推演，以及对形成此项结果的原因进行分析，我们可以找到差异和不足，并提出改进方案，由此形成可推广的知识和方法。

将个体经验萃取出来，形成覆盖各个业务痛点的学习地图，然后将这些经验案例化、课程化，让真实的业务场景经验能够用于内部的学习提升，将起到事半功倍的作用。

1.2 找到赋能关键点

我们在设计场景化训练项目时，要聚焦业务活动的产出成果，从这个结果要求往回倒推，做到"以终为始"进行设计。基于此，首先需要找到其中影响业绩达成的关键成功因素（key success factors，KSF），分析与这些关键因素相关的人群，并确认哪些行为会对业绩产生影响，以及这些行为需要哪些能力支撑。这时，一个个能力点便被圈出，接下来要做的就是搭建一个模拟出的真实工作场景，着重训练学员的这些能力点。

在华为帮助客户开展项目管理类场景化培训时，华为会首先列出项目管理的全部步骤，分析其中的关键成功因素。

就项目分析和规划阶段而言，作为一名项目经理，最需要把握的是合同的范围、验收标准、概算和风险管理，否则就无法在交付的过程中应对客户的超范围要求。因此，这便被视为此阶段最重要的影响因素。同样，作为一名项目管理人员，要知道怎样去制定交付策略、进行风险识别和概算，这就是一个赋能关键点。

因此，在培训开展前期，首要的任务是拆解业务流，分析和找到其中的关键成功因素。

我们一般通过确定关键流程找到赋能关键点。对于关键流程的识别，没有一定的数学评估公式，但是存在一些方法，如使用关键成功因素分析矩阵、因果矩阵、流程优先选择矩阵等。

对于关键点的设置，我们应参考企业实际的流程管理状况以及流程图。下面以某地产装饰公司的业务流程（部分）为例，来阐述如何在业务流程中识别关键点，如表2-1所示。

表2-1　　某地产装饰公司业务流程中的关键点

业务维度	业务活动关键点/痛点
市场管理	进行客户资金、背景调查；注意合同与施工变更；制定市场策略
投标管理	注意现场查看、施工量不准、外地差价、合同签订（付款）及招标答疑等问题
采购管理	出现材料价格预制、供应商不够了解的问题，质量和交期问题，全款全付较为被动的问题等
技术品质	不能支撑前期指导；过程技术指导不足；工程管控逻辑不明；项目资金发生冲突等
工程管理	关注人员的专业技术、职业品质、项目经理带教、成长激励、企业文化、组织氛围、员工关怀、兼职人员管理等
项目组织	施工计划与过程相协调；公司品质，以及计划、执行；个人经验与项目实操有偏差
施工班组	施工班组考察不到位；合作关系掌控力弱；安全意识缺乏；施工品质差；投机意识等
结算管理	信息资料不全，可追溯期短

2. 以事件为中心，收集场景资源

面对关键赋能点，要以事件为中心，以岗位角色为抓手收集场景资源，然后将整个事件有效还原，通过获取真实有效的素材，帮助我们进行场景化重构。案例教学中的素材收集是一个关键步骤，从哪里收集素材、如何收集素材是本节主要阐述的内容。

2.1 明确素材来源

素材获取是输出案例、进行场景化学习的前提，一般可以通过文件资料、网站、员工访谈等多种渠道进行收集素材，但不管从哪个渠道获取到的素材，我们都要进行素材分析，判断素材的典型性。

素材的来源一般可分为两类，一是已有的素材，可以通过书籍、网络和原有文件获得；二是需要到企业实地访谈、采编，通过搜集、整理、提炼加工获取的真实素材。

要将企业真实的典型事件开发为教学案例，我们只能在企业内部寻找，通过访问员工、自己长期积累等方式来获取。表 2-2 所示，是企业真实素材的四大来源。

表 2-2　　　　　　　　　　企业素材四大来源

序号	素材来源
来源 1	标杆人物：优秀员工代表、典型案例和事件
来源 2	数据反映出的问题或瓶颈，业务或管理的痛点、难点、挑战
来源 3	企业或部门的大事记、奋斗历程
来源 4	你印象深刻的事件（成绩、经验、教训）

标杆人物是企业工作能力突出、优秀的员工代表，是他人学习的榜样，在处理工作中的典型问题时一般有其独到之处。所以，通过对标杆人物进行访谈，可以收集到很多典型的案例和事件，并将其开发为典型的教学案例。

业务或管理的痛点、难点、挑战是典型案例的素材主要来源，其用于场景化教学的效果肯定是比其他案例教学效果更突出的。

企业或部门大事记：由于不是所有的大事记和奋斗历程都可以用于场景化学习中，有的只是事例并不能作为案例，所以要有选择性地挑选以事件为中心的大事记作为企业真实素材的来源。

工作中你印象深刻的事情，如一些成绩、经验、教训等：这需要我们养成一个长期积累的好习惯，然后进行日常记录，使其成为案例教学素材的来源。

明确素材来源后，要判断素材的典型性，如表2-3所示。

表2-3　　　　　　　　判断企业素材典型性的根据

序号	判断根据
判断1	某个人物有正能量（示范、价值观）
判断2	某个难题被解决（方法有效、新颖）
判断3	某个活动（影响大、收益大、贴近战略目标）

一般来说，典型案例应具备五方面的要素，即明确的教学目标，典型、普适的业务难题，难以抉择的冲突场景，以学员为中心的强制决策和简洁必要的背景信息，如图2-4所示。

基于业务场景的素材收集对场景化学习来说是至关重要的，这要求企业培训者在收集素材过程中多学习、多坚持，而不是随意引用书籍上、网络上的内容。

图中文字：
- 难以抉择的冲突场景
- 典型、普适的业务难题
- 以学员为中心的强制决策
- 明确的教学目标
- 简洁必要的背景信息
- 典型案例的五要素

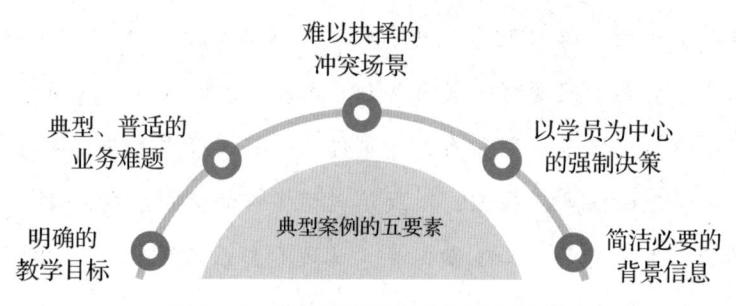

图 2-4　典型案例具备的五方面要素

2.2　以岗位角色为抓手

在场景还原过程中，除了重点把握素材的来源之外，还要尽快确定案例教学的对象，明确案例开发任务，以岗位角色为抓手，确定调研要点，为开展访谈工作奠定基础。

在与访谈对象沟通过程中，要找到每个岗位共同的特征、事项，从而进行有针对性的素材收集以及案例教学设计，如表 2-4 所示。

表 2-4　以岗位角色为抓手的主要内容

角色维度	具体内容
责任	指个体分内应做的事，在访谈、交流过程中，明确这个岗位角色的责任是一个必要工作，这关系到给每个角色在案例中的定位，明确素材收集方向
任务	任务本身和责任相差不远，也是一个岗位的定位问题；任务不同于责任，责任是一个岗位的职责，而任务更多是一种执行
关键动作	关键动作是岗位角色处理工作流程中重要的一环，是案例的关键节点，和成功与否相关，我们自然要知道这个动作是什么
核心方法与技能	是一个岗位角色所必须掌握的，收集素材时需围绕这一方面去检验岗位角色是否掌握了核心方法与技能

续前表

角色维度	具体内容
红线底线、注意事项	每个岗位角色的红线底线具有不可触碰性，需要管理培训者去收集发现；注意事项顾名思义，是岗位角色工作中需注意的事项，培训者需要针对每个岗位去收集红线底线和注意事项

以岗位角色为抓手收集的素材，一部分可以作为场景资源，用于场景化学习；另一部分非场景资源，比如红线底线、注意事项等素材可作为案例教学的辅助资料，直接用于员工的阅读和学习。

素材的收集，除了上文提到的以岗位角色的责任、任务、关键动作等为抓手外，岗位角色的访谈还应有一个简单、易于操作的方法。要明确的是，为保证对案例内容的客观描述，该环节应始终遵循"全面性""真实性"原则，不能添枝加叶，不能随意删减，更不能"曲意逢迎"——让事实去迎合预先设定的结论。

深入企业开展访谈调研是实现案例信息收集、获取真实管理情境最直接有效的方式，收集企业文件资料、搜索相关新闻报道也是获取客观信息的重要手段，但单凭文字材料添加主观臆想来"编造案例"的做法是不可取的。资料收集不是一个一蹴而就的过程，随着案例框架内容的具体化，案例资料还需要经历一个不断补充完善的过程，如表2-5所示。

表2-5　　　　　　　　　　案例资料的获取过程

资料收集流程		具体内容
前期准备	了解目标岗位	通过企业内、外部两个渠道对目标岗位进行信息获取
	背景知识储备	通过网络课程、书籍、文献等渠道对案例主题所涉及的相关概念、管理知识、理论背景进行有重点、有针对性的了解和掌握
	主题细化分解	结合采编需求和目标企业实际提炼案例调研的关键问题，注重逻辑性和层次感，忌主次不分，也不用面面俱到

续前表

资料收集流程		具体内容
前期准备	明确资料需求	细化主题，制定"案例调研资料需求清单"，这份清单以案例关键问题为线索，针对目标岗位的相关职能，提出较为明确的资料需求，如工作总结、高层讲话、会议纪要、经营数据等
访谈调研	拟定提纲	主要包括调研主题、访谈对象（企业、部门、人员）、主要问题、时间安排等内容
	开展访谈	通过组合使用导入性、追踪性和完善性问题，实现对案例情境的深挖和细化
资料整理	资料文档化	及时将访谈录音和录像进行文档转化，剔除无关内容，保留重要且符合事实的信息
	素材归类	对整理得到的素材去粗取精，进行合理归类，包括决策资料和背景资料
	补充资料	将已有素材与案例资料需求清单进行对照，检查资料收集的完整性，列明补充资料清单。同时明确欠缺材料的获取途径

根据以上获取案例资料的完整过程，我们针对一个关键性岗位，设计有针对性、有价值的问题，通过调研收集我们所需的素材。调研问卷的设计，可参考某电力公司业务人员岗位场景梳理表，如表2-6所示。

表2-6　　　　　某电力公司业务人员岗位场景梳理表

业务岗位场景梳理与关键事件问卷
姓　　名：_____　性　别：_____　年　龄：_____
学　　历：_____
岗位名称：_____　职　称：_____
您在公司的工作年限：_____年
1. 您的服务对象含哪几类客户：_____
2. 在具体的事情上您和哪些人一起工作：_____
3. 您主要向谁汇报工作：_____

您在本公司内还任职过的其他岗位：_____

4. 您当下所在岗位的工作任务有哪些（按先后顺序或分重点填写）：
_____

5. 您在服务外部客户中，经常遇到的困难都有哪些？
_____

6. 如果让您带一个徒弟，您要让他快速理解并和外面的用电用户搞好关系，您会和他说哪些重点？
_____

7. 请说一下您在工作中或服务用电客户中，遇到的 2—3 件特别的事，且您最后还处理好了，对方也挺满意的。
事件 1：_____
事件 2：_____
事件 3：_____

8. 您认为公司还需要做好哪几项事，能对和外面的用电用户的关系改善、满意度提升比较有帮助？
事项 1：_____
事项 2：_____
事项 3：_____

9. 您了解到的公司企业文化，是怎样解释向客户提供服务的，要求大家怎样做的？
_____

10. 在服务外部客户上，做得好与不好，公司层面是怎样考核您的工作的？
_____

2.3 调研访谈关键岗位人员

根据表 2-5、2-6 的内容，我们在此强调一下，访谈是讲究技巧的，访谈过程的好坏直接影响到能否有效地收集资料。因此，我们在访谈过程中应注意六类引导性问题，具体如图 2-5 所示。

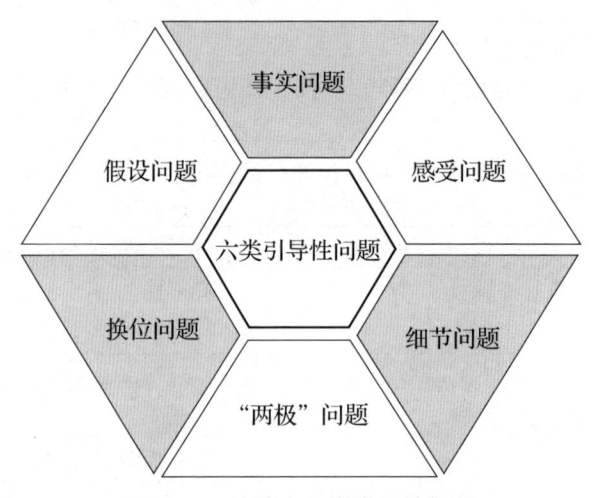

图 2-5　访谈中六类引导性问题

（1）事实问题。通常以"谁""什么""何时""何地"等提问开头，引出客观性回答，来收集有关案例事件的相关数据、信息等。

（2）感受问题。例如"你认为……"等，以引出主观感受性的回答，帮助访谈者深入了解案例当事人的想法、情感、价值观等。

（3）细节问题。针对案例当事人对事实、感受问题的回答，根据需要追问，帮助访谈者更深入地了解案例事件，以及案例当事人在事件中的角色。

（4）"两极"问题。例如"最多……""最少……"等，帮助访谈者了解案例事件中的潜在机会，探寻案例当事人的需求边界。

（5）换位问题。如"据××报道……，你怎么看"等第三方视角问题，帮助访谈者以间接的方式挖掘案例事件，并借助这类问题表达敏感信息。

（6）假设问题。例如"如果……，你会……"等，帮助案例当事人消除主观或客观的障碍、限制，以便访谈者探究、分析当事人的真正意图。

除此之外，在访谈中，我们还需注意与访谈对象的沟通顺畅度问题，要注意提问、尊重被访谈者、不轻易打断对方话题、访谈者言行、完整把握原意、不轻易发表自己观点、把控访谈时间七大事项。具体如表 2-7 所示。

表 2-7　　　　　　　　　　　访谈中的七大注意事项

注意事项	事项具体内容
提问	围绕主题规划，提前准备访谈提纲；营造轻松、愉快、坦诚、开放的访谈氛围；访谈者在提问时态度应真诚、自然、尊重；提问要循序渐进，注意表达方式；提问方式要中立，应围绕案例主题和访谈提纲；平衡好提问的类型：问观点和问事实、封闭式和开放式、大问题和小问题、澄清和追问
尊重被访谈者	尊重对方，洞察被访谈者的心理变化，创设恰当的谈话情景，和被访谈者建立互信关系；不要强人所难，不急于追索答案；尽量不要说敏感的、对方有戒心或不熟悉的问题
不轻易打断对方话题	当被访者谈的是他（她）认为的很重要的问题时，不要轻易打断其话题；若对话超出访谈内容时，如有必要需巧妙地转移话题
访谈者言行	访谈者应注意自己的语言和仪态，要礼貌、谦虚、认真倾听，切忌紧张和漫不经心；不能带有偏见；不能让对方觉得神秘莫测；讲信用，严守秘密；不动声色做记录
完整把握原意	访谈者对敏感问题或不明确问题应当场澄清，切忌猜测、曲解被访谈者原意
不轻易发表自己观点	访谈者的任务是提问、倾听和记录，不要轻易表达自己的观点
把控访谈时间	严格遵守约定的时间；时间已到如果还未完成访谈，则根据被访谈者的意愿决定是否继续，或另约时间；访谈结束前可用几句话对访谈做一个总结；一定要感谢访谈对象

在了解访谈过程中的六类引导性问题和七大注意事项具体内容后，我们在实际访谈中，要有效地进行运用，以达到最佳访谈效果。我们在为某房地产公司提供专业服务时，就有不少经典案例，其中包括对该地产公司售后经理的访谈，我们通过一定的访谈技巧，抓住关键点进行问答，获取了诸多有价值的内容。其中，针对"回款压力"的部分访谈内容如下：

问：您负责按揭这一块，其中还要对接财务收款、置业顾问和销售口，这之间的关系您是如何去协调的，或者是如何让几方面都达成统一的？

售后经理答：我们长沙公司是7月份，把应收款、回款按揭这一块从营销划到财务，最开始搭建回款团队的时候是我来做的，我第一个关键控制点，就是抓银行准入。在银行准入这块，我肯定是偏重一个有额度的、大的银行来准入，对准这个方向绝对没有错。

方向对了，再就是客户经理。我们合作的这个大的银行，选择上没有错，同时合作的支行也要选择对。支行这边主要就是看客户经理和整个个贷中心，就是他们各支行的个贷这一块，对他们自己今年的各大考核维度有多重。他们是不是重视他们支行的个贷权重比例，这是要考虑的第二点。

第三点是个贷人员是否有较强的服务意识。他们的资料情况，其实不在我们考虑范围内，就是不在我准入的考核范围内。这三点基本上没问题的话，就会准入这个银行来合作。

问：那刚才您说到的把这个应收款从营销口转到财务，这里面的背景逻辑是怎样的？

售后经理答：背景逻辑是我们总部当时出了一个文件，要求全部按揭专员划分到财务，按揭这块的业务主责到财务，那我们营销这块就跟他们切分了。切分之后，营销就负责协助客户，告知客户准备按揭资料，之后收集按揭资料，安排客户面签给到按揭员，面签之后，补齐按揭资料给按揭员。

问：那相比之前在营销口的时候，按揭专员的工作方式有没有变化？

> 售后经理答：有变化。之前在营销，在签约这一环节，我主抓签约和回款，我有一个签约区域，设置了基础条件，我卡住条件，所有的按揭付款的客户，必须按揭资料全齐，只要齐了我就跟你签约。签约之后，你再同银行面签，这样你的资料至少是齐了，这将降低按揭专员后期补充资料的困难。但是切分了之后，会产生一个问题，就是签约专员不会给按揭专员把关。
>
> 问：就是营销口的置业顾问那边不把关，然后留给财务口了。
>
> 售后经理答：对，就是无论你齐与不齐，都去面签了，好多资料都是面签之后后期再补，这就会导致很多人没有时间去补充资料的情况。

从上述访谈案例，可以了解到正是通过对关键岗位人员的调研访谈，我们才能从关键问题出发，层层推进，经过筛选和整理收集和获取资料。

3. 选择关键性场景进行讨论

收集的场景资源并不是全都能用于场景化学习，我们要聚焦关键性场景，选择关键性场景进行讨论，以提高场景化学习效率。

3.1 界定关键性场景的标准

场景，原指戏剧、电影中的场面。从电影角度讲，正是不同的场景组成了一个完整的故事，不同的场景，意义大不一样。在移动互联时代、商业发展的今天,"场景"不再只是一个简单的名词,它重构人与商业的连接,是企业培训和教学活动的关键。

关键性场景一般是指对企业业绩影响大、发生频率高、学习难度大的工作场景。只有选择了关键性场景,课程开发和案例主题才具有针对性,培训工作者才能提炼出有价值的知识或经验,激发学员的学习兴趣。界定关键性场景的标准,如表2-8所示。

表 2-8　　　　　　　　关键性场景标准参考表

类别	评价标准
场景资源的内容	具有专业性、科学性,与工作岗位要求高度契合
	具有真实性、典型性,具有实践指导作用或启迪作用
	提供的内容简练、准确、新颖,具有针对性和趣味性
素材反映的问题	问题联系了当前的工作现状和公司发展方向
	问题指出了先前所持的某种观点或做法的问题或局限性
表达与结构	结构合理,重点内容突出,条理清晰,分析充分,论述完整,结论严谨
	计量单位、符号、术语等内容规范,语句通顺,用词准确,无科学性、政治性错误

关键性场景的界定虽然有一定的参考标准,但是不同的人的标准有一定的差异性,因此,我们最后要确定好一套筛选关键性场景的完整流程,让大家按照标准进行筛选,以确定最后的关键性、典型性的场景资源或案例。

3.2　按照标准筛选关键性场景

面对众多的场景资源素材,我们要筛选出关键性场景,将现实工作场景与案例教学相融合。场景化学习要落实到关键性的业务场景上,即以场景为导向，才能保障学习活动的成果输出，达到举一反三的效果。对此，我们可以来看一个现实案例，通过某金融企业用情景案例教学模式助力领导力培养的一个项目，了解到底如何将现实工作场景与案例教学进行融合。

某金融企业有一个项目叫作领导力助力计划，是帮助一些新任营业厅的管理者培养领导力的项目，包括青年干部的培养等。以往，他们的领导力项目会有几门比较系统的管理课程，学员上完这些课程之后反馈也是非常不错的，大家表示能够学到很多东西。但是上完之后就会面临一个问题——学员很难直接将课堂上学到的管理工具和方法应用到实际工作中。这也是他们面临的一个很大的困扰。

基于这样的困境，该企业就想设计一个基于营业厅主任的业务场景的赋能项目。为此，在顾问导师的建议下，项目负责人对营业厅主任的工作场景、业务场景进行了梳理，找到新任管理者面临最多的几个关键场景，如表2-9所示。

表2-9　　某金融企业领导力培养项目中的部分典型场景

场景维度	具体场景		
日常会议	例会回顾工作	突然接到临时性任务	需要制定详细的工作规划
下属表现	下属对绩效分配出现了不认可	下属对薪水及职位不满意，提出了想法	布置任务时下属有抵制情绪
上级表现	发现下属完成的质量根本不行	对下属进行培训	帮助下属解决重大工作失误
团队/成员	新建立团队需要对业务进行分析	团队有成员始终完不成业绩指标	加班到很晚，团队成员开始抱怨
客户方面	拜访重要客户	帮助下属搞定重要客户	客户突然投诉
人资方面	希望加人，需要和上级及HR进行沟通	根据提供的候选人进行面试	准备辞退员工，不知如何开口

通过梳理工作场景发现，这些新任管理者在日常工作中，70%的时间都在处理大概5到6个典型工作场景。因此，培训课程的核心变成了围绕这几个关键的场景，找到相应的解决方案和工具。

由此可看出，场景化赋能培训不再以先前的知识，比如团队管理、时间管理等为核心了，而是以新任管理者在实际工作中的具体工作场景为核心。场景化学习主要围绕实际工作场景，找到那些能解决问题的方法和工具，以此来开发和设计课程内容。

如何确定关键性场景呢？国网高培中心在关键性场景甄选过程中，首创性地提出了"推选审改"四步流程，学员带来的全部场景资源都要经过严格把关，层层遴选，如图2-6所示。正是流程设计的科学性、创新性，有效地保证了评选过程的公平、入选案例的质量和广大学员的参与。

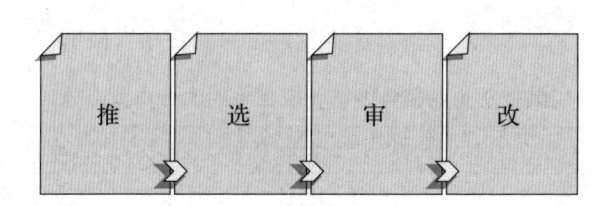

图2-6 关键性评选的四步流程

第一步"推"：每期学员以小组为单位进行案例分享交流，推选优秀案例，注明推荐场景资源的关键点，并安排课题组成员全程参与交流，有效保证了初选案例的质量。

第二步"选"：遴选中，每位老师根据本组的推荐意见逐一介绍，并与同期学员和前期学员的案例进行横向、纵向比较，最终确定本期的关键性场景。

第三步"审"：邀请在校培训的青干班学员、系统内熟悉县供电企业管理工作的专家、案例总部相关专业部门进行评审。专家对每个案例都给予了评审意见,并经过共同推敲比较,给出评审结果。

第四步"改":除"推"环节外,其他每个步骤结束后,国网高培中心都会把案例修改的意见反馈给每一位入选学员,学员修改通过评审后的案例,才能进入下一阶段的选择。

3.3 界定关键性场景与组织绩效关系

场景,泛指情景,又不局限于此,还包括了行为、动作等,在一定程度上,关键性场景对组织绩效有着直接的影响。提升组织绩效,重要的是筛选并利用关键性场景创造价值。在完成对关键性场景的界定后,接下来的工作就是对关键性场景进行分析,对此,我们可以通过某地产公司的一个案例来说明关键性场景与组织绩效的关系。

2018年6月8日,××集团人力总监回到长沙,发现集团评价长沙城市公司的绩效不及格,但长沙城市公司品质部门员工绩效分数却很高。人力总监与长沙城市公司品质总监交流绩效情况,品质总监认为品质部门在集团项目抽查中获得第一名,难道因为城市公司整体绩效不好,品质部门员工的绩效评分高一些就不合理吗?

了解长沙城市公司情况后,人力总监召开了一次绩效培训,拿出两张绩效表(个人和公司绩效)开始头脑风暴。研讨中发现,大部分部门主管对于如何填写绩效考核表,如何设定绩效目标,以及如何辅导员工都没有清晰的概念。

参加培训的许主管开始思考作为薪酬绩效主管,自己的核心业务不应该是一些人事基础工作，他开始向人力总监请教薪酬、绩效等更高价值的工作，对此人力总监给出了相关思路。

几天后，许主管向人力总监汇报公司绩效考核方案，人力总监告诉他没有把绩效考核的定性、定量问题界定清楚。

人力行政部召开绩效会议，大家表示绩效的达成需要部门负责人对每个人因材施教，分配任务时关注过程，随时线下指导，通过这次会议大家都感受到了成长。

在人力资源管理中，我们要区分事务性工作和价值创造工作。事务性工作指5S管理、订票、发会议通知、考勤管理等，这一类工作是必须要做好的事情，但不是加分项，做得再好也不能提升多少绩效。价值创造工作指激发员工创造力、培训员工技能、攻坚关键任务等，做好这一类工作能最大化地提升组织绩效，我们的赋能动作应该着重考虑这些关键业务场景。

关键业务场景对价值创造有着重要的影响，只有从价值创造的角度对团队和个人的工作表现进行评价，才能让公司全员聚焦于价值创造。有准确量化的参照，能使评价过程清晰高效，同时又能保证评价过程和结果的公正公开，使每个人有动力、有机会去争取更多的价值分配，创造更高的组织绩效。

4. 从实践经验到方法理论的建设

通过关键业务场景萃取案例经验，要按照一定的逻辑进行系统化的汇整,然后在工作中不断检验,反复操作、实践,最终形成一套真正的方法理论,为后来的学习者提供完整的知识体系和参考依据。

4.1 将个人经验显性化

工作中,我们身边不乏实战经验丰富的人,当我们向他们请教的时候,绝大多数人却这样回答:"我也是凭感觉的,你多做几回就知道了,熟能生巧嘛。"

听到这样的回答,你可能会心生不悦,但其实很多时候并不是他们不愿意将经验传授给你,而是因为这种经验是一种直观的感觉,看不见、摸不着,是一种习惯性的动作,很难用言语表达,我们将其称为隐性经验。

任正非曾说过,华为最大的浪费就是经验的浪费。不只是华为,大多数企业或个人都在大量浪费着宝贵的隐性经验,在工作中碰到的问题、已有的经验教训、产生的数据等诸多有用信息都没有被保存下来。如果我们能够更好地利用我们的经验,将隐性经验显性化,建立起良好的反馈机制、解决机制和监控机制,那么必将更好地促进企业走向成功。

作为长期坚守维修岗位的维修技师,华为维修部门的主管刘爱群积累了丰富的维修经验。这种经验如何传递给他人,如何为整个维修团队和公司创造价值,是他长期思考的一个问题。

维修人员的经验大多都在自己的脑子里,维修分析过程和具体现象没有记录和保存下来,一旦人员变动,这些针对具体产品的定位经验也会随之流失。刘爱群在平常的维修工作中,每遇故障都会花一点时间详细记录诊断过程,并把自己的工作习惯总结成为"维修定位记录总结模板",形成故障品

"病历档案"。这些档案方便个人经验积累及新手快速上岗学习，也为自己和他人后续遇到同类问题时提供思路。

后来，刘爱群担任主管后，广泛推广维修"病历档案"，他动员属下的维修员勤写总结，还评选"优秀维修定位记录总结"。经过一段时间的努力，填写"病历档案"渐渐成为维修员的工作习惯。"病历档案"除了是维修经验的有效积累，也可以作为维修质量改善的一手数据，方便技师从中挖掘共性问题，支撑维修质量改善体系建立。

对于个人而言，将隐性知识分享给其他组织成员可能会使自己的工作优势受到威胁，降低个人的专家性，但同时也给自己带来了相互学习、共同进步的机会，帮助企业获取更大的利益，实现自我价值。所以，要将企业中有经验员工的知识显性化，把经验提取出来，形成企业经验库供新老员工学习。如何将个人经验显性化呢？如表2-10所示。

表2-10　　　　　　　　个人经验显性化的方法

方法	具体内容
梳理经验	通过访谈业务相关人员，进行整理；通过培训传授工具和方法
总结工作	将项目总结中的"最佳实践"部分、"问题、分析、措施"部分进行整理，分别放在知识管理系统中的最佳实践库和问题库中，以方便查阅使用
记录问题	记录常见问题，使得该问题事件和解决方案能及时储存并传播给相关人员，有效地减少重复发生的概率
分享交流	建立知识社区，员工可针对特定主题进行交流
	以内部演讲的方式进行交流与培训活动，创造互相学习的渠道以及可充分共享的工作氛围与环境
	通过微信朋友圈、公众号等社交媒体手段，进行知识分享、经验总结

在知识管理理论研究和实践中，隐性知识的研究得到越来越多的重视，个人知识显性化对于个人成长、提高企业管理效率、增强核心竞争力都具有重要的意义。

4.2 经验升华，形成方法论

将工作中的经验显性化后，如何将经验再升华，形成一套解决问题的方法呢？真正的方法论不仅要对经验进行整理、总结、提炼，而且还要在进一步实践中检验，确保其可行性。

围绕着一线工作整理最基础的方法经验、表格工具，团队成员互相分享、学习，在工作中不断检验、总结，反复操作、实践，最终才能形成一套真正的方法论，如图2-7所示。

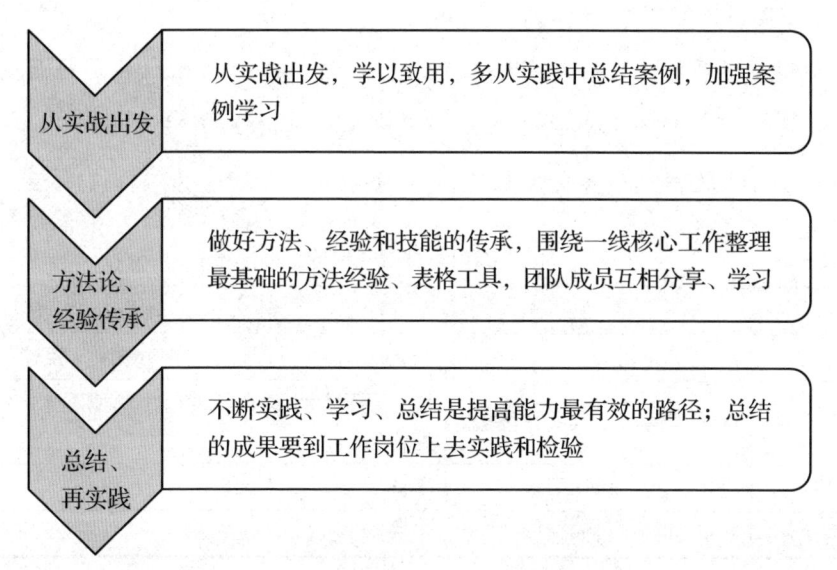

从实战出发	从实战出发，学以致用，多从实践中总结案例，加强案例学习
方法论、经验传承	做好方法、经验和技能的传承，围绕一线核心工作整理最基础的方法经验、表格工具，团队成员互相分享、学习
总结、再实践	不断实践、学习、总结是提高能力最有效的路径；总结的成果要到工作岗位上去实践和检验

图 2-7 实践与理论互为支撑的方法论

华为今天能够做到在每个关键节点提炼出案例经验，对组织的智力资产进行管理，完成从实践到理论、再从理论到实践的管理建设工作。

在1996年引入IBM管理咨询之前，华为在组织经验管理上还是比较混乱的，将实践理论化也有一个进化过程。当时的华为一天到晚强调"狼性"，强调"农村包围城市"，每个业务员一来就让他去下面"打仗"，任正非的原话就是"一帮泥腿子到处抢粮食"。

当时顾问老师为了让每个业务员懂得总结经验，用成功指导成功，就要求每个业务员出门带一个方案，回来带一个报告，每周做一个循环。上司在这个过程中，每周要向总部做一次总结汇报。

这帮业务员就很郁闷，因为他们不擅长写，只擅长说，拿起电话能打一个小时，让他写一页纸，要写一晚上，还牛头不对马嘴。关键是，这帮跑市场的还都很狂妄，不读书、不看报。实在没办法，只好让孙亚芳担任培训中心主任一职，专门负责培训工作。

后来，顾问老师只好教一个笨办法，总结了四句话让业务员对照回答，过了一段时间，问下面的主管，业务员都写得怎么样，主管说："别提了，你看看他们的报告，一看我就晕了。"业务员填写情况如表2-11所示。

表2-11　　　　　　　　业务员填写情况（部分）

序号	问题	回答
1	发生了什么事情	昨天请沈阳一行五人吃了一顿饭，完毕
2	这些事情涉及哪些方面	我们要了几个菜，其中有小鸡炖蘑菇、猪肉炖粉条
3	有何机会，有何风险	不详
4	有何对策，有何建议	不详

大家可以看得出来，当时的华为有实践，却是"野蛮"实践，没有理论

建设，跟大家现在认知的华为完全不一样。华为通过很长时间的学习和改进，才做到今天这样。所以，用成功检验成功、经验最终形成方法论是需要时间去积淀的，只有形成了总结、实践、再总结的企业习惯，才能形成一套实用的方法论。

4.3 形成系统化的知识体系

通过工作实践和案例分析获得的经验和教训还只是比较零散的知识点，我们需要将这些零散的知识按照一定的逻辑进行系统化整理，使其成为完整的知识体系，如表2-12所示。

表2-12　　　　　　　　系统化知识体系形成方法

流程/方法	具体内容
界定问题	包括具体的任务情境、绩效要求和该情境下完成任务的难点、关键点。明确要解决的问题是什么。梳理方法论要围绕挑战展开
梳理雷区	包括新手常犯的错误、行为模式和思维方式
梳理经验	梳理专家经验，包括行为方式和思维方式，形成组织经验

当前，知识管理逐渐成为企业界的重要关注焦点，越来越多的企业领导者开始重视通过卓越的知识管理建立公司的知识储备基础，以期提高公司在商业社会中的竞争能力。

麦肯锡将知识管理的重点放在了被对手忽略的隐性知识的发掘和利用上。为了使公司内部管理咨询顾问们的经验和理论得到快速传播，麦肯锡公司特地创办了一份名为《麦肯锡高层管理论丛》的内部刊物，专门为那些拥有宝贵的咨询经验却没有时间和精力来把这些经验整理成书面文本的专家设置。该刊物把他们的思路和内容简单地概括成一两页的短文来进行传播，在每一篇短文后面都附有作家介绍，便于有需要的读者进行索引和查找。

这种方式不仅使优秀的知识和经验在麦肯锡内部得到了有效传播，激励创新和诚实的交流，也有助于提高知识提供者的个人声誉，为其在麦肯锡的发展提供了良好的机会。

为了在真实的情境中进一步呈现和传播上述文献和信息，麦肯锡公司还建立了一个储备经验和知识的专门数据库，用来保存在为客户服务过程中积累起来的信息资料和问题解决方法。不仅如此，麦肯锡还请来专业的信息管理员对数据库信息进行维护和更新，当咨询顾问需要从数据库中寻找信息时，专业的信息管理员会为他们提供相应的检索帮助，提高寻找效率。

这时，学习的目标不再是记忆知识，而是搜索知识，并过滤、洞察、理解和使用。而知识想要被完好地应用于企业管理，就必须要形成系统化的知识体系，只有系统化的知识体系才能引导企业管理者、企业员工更好地展开工作。

5. 真实还原案例过程与场景

真实完整的案例是分析的基础，想要真实还原案例过程与场景，就得把案例发生的背景、任务要求、案例过程以及思考方法、案例结果和后续影响完整地回忆出来。

5.1 挖掘案例背后的逻辑

一个案例呈现的逻辑往往与案例主题密切相关，我们需围绕案例主题，系统整理、深入解析案例素材，并依据知识框架构思管理情境，布局案例情节，从而真实、生动地还原案例过程与场景。

对案例主线进行梳理，在明确案例知识框架的基础上，结合相关管理知识和工具，对蕴藏于案例情节中的隐性经验进行萃取、分析和筛选，并将其转化为显性经验，从而为场景还原和案例编写提供依据。

对案例经验知识的萃取可分以下三个层级：（1）对管理经验的系统还原；（2）对管理知识的要点分析；（3）对管理理论的总结提炼。

梳理案例主线后，进而深入剖析案例内容，确立案例主要决策者，逐一提炼决策者所面临的案例情节要素，包括案例发生的时间、地点、起因、过程及结果等，以充分掌握案例故事的情节内容、逻辑关系及发展脉络，形成案例故事情节片段或故事圈。案例情节梳理方法可参考表 2-13。

表 2-13　　　　　　　　案例情节梳理表

序号	时间	关键情节	知识点
1			
2			
3			
……			

该案例情节梳理方法常常被运用在企业案例写作或案例教学中，例如我们曾经主导的某地产公司项目，在开发过程中，对"地州市短平快项目信息快速甄别"案例情节进行了梳理，如表 2-14 所示。

表2-14 某地产公司案例情节梳理模板

情境			分析		总结			
时间	提纲	内容	问题	学习价值	步骤	内容要点	难点	行动
2018年10月初	全司动员	进军地州市战略全司总动员	没有同时建立标准		战略层面	城市选择	某省其他县市	单点定向获取
2018年10月中	全员推地	市场下行，转让信息爆棚	100%信息无效	土地知识普及	市场层面	片区选择	A、B类地段（含标准）	位置甄别
2018年10月下	标准建立	某省地州市城市筛选报告出炉	城市有限，利润要求严苛	土地信息渠道分类浅析	财务层面	简要测算方式	一手地	利润与敏感性简算
							二手地	土增税简算（不做税筹）
2018年10月底	热情褪去	土地信息冷却，以及微词	对国资股权开放的新要求		土地居间的自我修养	居间的那些坑		快速过滤骗局与长利益链

通过对以上案例情节的梳理，我们可以在事件发展演变过程中识别关键问题，然后纵向深入分析针对关键问题的决策，横向归纳影响结果的因素，进而挖掘案例背后的逻辑。

5.2 用 STARR 模型复述案例过程

为了保证能真实还原案例过程，确定知识产品内容架构，通过提炼加工、形成最终交付的知识产品时，我们可用 STARR 模型复述。它通常包含面临的业务问题、对问题的处理过程以及该问题最终的结果，最后还要提供这个事件发生的背景，即结构化的描述该事件：Situation 背景、Task 任务、Action 行为、Result 结果和 Reflection 反思，如表 2-15 所示。

表 2-15　　　　复述案例过程的 STARR 模型

Situation 背景	Task 任务	Action 行为	Result 结果
那是一个怎样的情境？什么样的因素导致这样的情境？在这个情境中有谁参与？	您面临的主要任务是什么？目标是什么？	您当时做了或说了什么？出于什么样的背景考虑？	最后的结果是什么？过程中又发生了什么？
相关的影响因素还有哪些？	这个任务的困难是什么？	您都采取了什么具体的行动步骤？	结果如何？产生了什么样的影响？
团队、部门以及公司的情况是怎样的？	实际工作中碰到了什么障碍？	您在当时情况下的实际想法、感受怎样？您当时希望怎么做？	您得到了什么样的反馈？
Reflection 反思： 1. 通过这个案例，有哪些启示？有哪些经验和教训？ 2. 再遇到该类事件，如何做得更好？内外部有哪些优秀实践参考？ 3. 面对该类事件，公司的普适性要求有哪些？			

本模型是复述案例过程的初期使用模型，主要作用是帮助学员找到合适的原型事件，并进行清晰的描述。

案例创作过程中不局限于对一个原型事件的使用，在尊重事实和现实可行的前提下，还可以将多个原型素材整合分析，在一个案例中应用。

5.3 梳理事件时间轴还原案例

案例当事人的核心职责是对整个事件的经历进行回顾，梳理清楚来龙去脉，形成时间线、情节线和决策线，为后续步骤打下基础。

对于人物和情节发展较为简单的案例，可以按照 STARR 模型将事件的时间轴梳理出来。但针对时间跨度长、参与人数多、事件复杂的案例进行梳理，更适合列出时间轴，如图 2-8 所示。

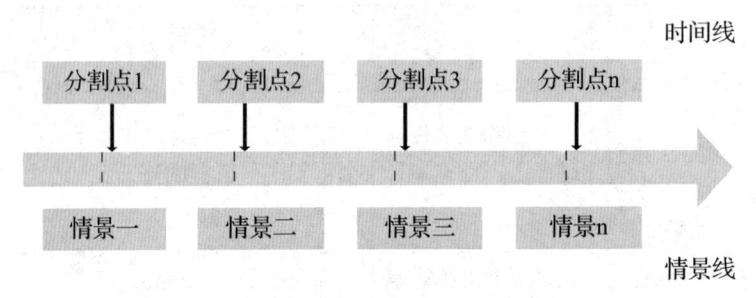

图 2-8 案例事件时间轴工具

事件时间轴就是案例框架的雏形，根据时间轴工具，具体实施步骤为：

第一步：明确事件起点与终点，按照决策点划分事件阶段并给予定义；

第二步：标注过程中的里程碑事件及关键事件——导致结果发生的直接因素；

第三步：删去与案例主题无关的里程碑事件及关键事件。

与案例人物相关的重点信息需要罗列清楚，特别是事件发展过程中的重要细节。如果是访谈梳理事件，在初次访谈后，细节还不足以支撑还原整个事件原貌的话，接下来访谈人就要对案例主人公进行二次访谈，然后根据访谈内容梳理事件时间轴还原案例，如表 2-16 所示。

表 2-16　　　　　　　　　　事件流程时间轴梳理表

时间区间		时间区间 1	时间区间 2	时间区间 3	时间区间 4	时间区间 5
里程碑事件						
各角色在节点中的行为表现	角色 A					
	角色 B					
	角色 C					
	角色 D					

依据上述事件流程时间轴梳理表，我们可以时间区间为划分基准，对事件发展进行关键性说明，并阐述各岗位角色在里程碑事件节点中的行为表现和作用，整合多方信息，如实还原案例始末。

第3章
价值梳理

开展企业培训时,根据真实还原的场景,在培训前期会进行培训对象的需求调研、资料数据收集等工作,并通过归纳统计学、比较分析法等数据筛选和分析方法,对收集到的数据和场景资源进行详细的梳理和分析,从中明确企业培训需求和价值点。

1. 需求调研和收集

在培训调研和信息收集过程中，依照不同的场景常常会使用问卷调查法、面谈法、小组讨论法等多种方式，多维度、全方面地获取培训需求。

1.1 明确调研的对象

明确调研对象是培训中的关键环节。在实际工作中，明确培训需求的过程可以简单地描述成"找谁问关于谁的什么事"，这里的"谁"，就是需要明确的调研对象。

受限于上级的要求和自身对培训的认识水平，培训专员往往很难完整、准确、合理地描述出所在组织的培训需求，而需求分析的"失之毫厘"，会造成培训效果的"差之千里"。因此，课程开发人员要保持"怀疑"的态度，争取与需求企业负责人直接沟通。只有根据关键场景找准了调研对象，才能保证调研的有效性和准确性。

企业培训是企业发展过程中必不可少的一环，而一场有创新性、鼓动性的培训需要依赖前期的充分准备，确保能通过调研了解培训对象的需要。

根据不同的调研对象，分析他们不同的培训需求，做出有针对性的调研方案，从而设计更好的培训课程来实现结果。因此，我们需要从三个层面着手明确调研对象,即组织层面、任务层面和个人层面,如图3-1所示。

经过从这三个层面与对象进行沟通,我们列出了相关培训必须满足的需求:第一,需求分析必须要完整;第二,我们必须从这三类人群那里获得支持和认可,以便执行培训项目。表3-1说明了三个层面的具体调研对象。

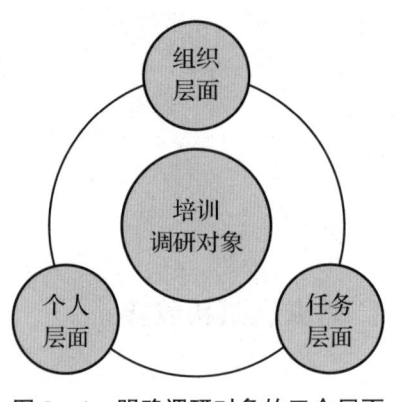

图3-1 明确调研对象的三个层面

表3-1　　　　　　　　不同层面的具体调研对象

调研层面	具体调研对象
组织层面	公司领导、业务部门高管、直属上级
任务层面	需求投出部门或个人、人力资源部、目标学员上级、与任务相关的部门或单位
个人层面	目标学员、与学员工作相关的人员

对组织层面的资料收集,能够帮助我们明确培训的业务目标,知道组织对员工的要求,这个目标对培训项目的设计和执行都起着决定性的作用。

任务层面的资料收集是根据工作标准、岗位的能力要求,来判断这个岗位上的人员是否可以胜任这个岗位。如果从公司整体来看,就需要收集哪些岗位对公司业绩影响最大;从部门或个人来看,就要收集对该岗位业绩影响最大的能力要求项是什么,这会是培训需求的一部分。

个人层面就是从培训对象的角度进行培训需求的收集,了解待培训学员的工作现状、状态、学习意愿等,然后通过后续分析确定哪些人需要培训及需要什么形式和内容的培训。

只有从这三个层面都进行了资料收集,才能说我们的资料收集比较全面，调研对象比较精准。

1.2　使用多种方式获得需求信息

在调研时，为避免调研的单一性，降低对调研对象的控制，我们应该灵活运用各种方法，使用不重复的手段去获得信息，得出更合理、全面的结论。换句话说，就是我们要使用至少两种以上的途径来了解培训对象。

如果学员为销售人员，在与他们交流调研时，他们说："我们的问题主要在于交易的缔结和时间管理。"这些学员的经理也同意："我们的销售代表在交易的缔结和时间管理上有问题。"这个时候，你可能就停止了调查，做出结论："我们认为找到了问题所在，因为经理和销售员都认为问题在于交易的缔结和时间管理。"注意，你只使用了一种方式——访谈。如果你又采用另一种方式——观察，那么你可能会有不一样的发现。

你花一天的时间观察了一个绩优的销售和一个绩劣的销售，发现他们在时间管理的方式上并没有差别。他们之间唯一的不同，在于他们缔结交易的技术有差距。

"使用不重复的手段获得信息"在一定程度上可以确保获得准确的信息。就上述例子而言，通过不同手段的调研，最后精准地把培训重点定在"缔结技巧"上，避免了无效的操作。

因此，在获取需求信息的调研中，使用不同的手段、不同的信息收集方式是必要而重要的。常见的信息获取方式包括面谈法、小组研讨、工作任务分析法、观察法和调查问卷法等，如图3-2所示。

```
                    ┌─ 面谈法
                    │
                    ├─ 小组研讨（3人以上）
                    │
信息获取的方式 ─────┼─ 工作任务分析法
                    │
                    ├─ 观察法
                    │
                    └─ 调查问卷法
```

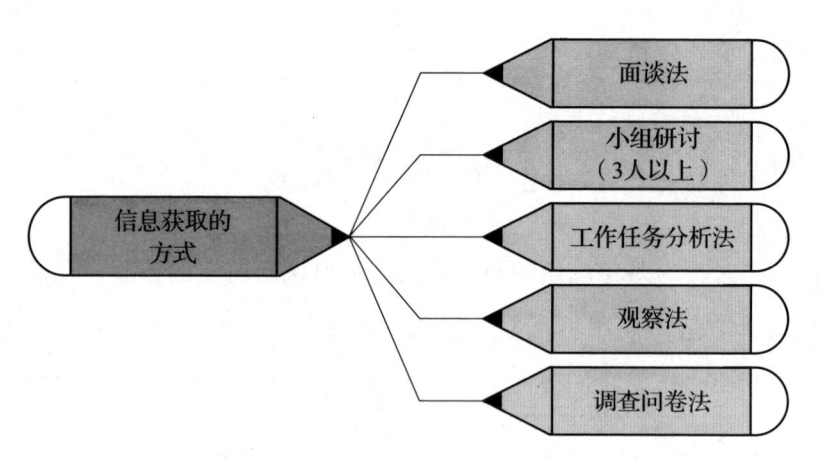

图 3-2　信息获取的不同方式

以上五种不同的获取信息方式各有优缺点，在使用时并没有统一的标准和规定，因此，我们应从自身需求出发，在了解不同方式之后选择适合的调研方式，从而获取准确的培训需求信息，如表 3-2 所示。

表 3-2　　　　　　　信息获取的不同方式及优缺点

方式	/方法	优点	缺点
面谈法	个人面谈或集体会谈	利于培训双方相互了解，建立信任关系，使培训对象更深刻认识工作中存在的问题和自己的不足，激发其学习的动力和参加培训的激情	会影响员工的工作，并且占用培训者大量的时间；对培训者的面谈技巧要求高
小组研讨	由3人以上组成	发挥头脑风暴法的作用，得到的培训需求信息更有价值；易激发小组成员对企业培训的使命感和责任感	对协调员工和讨论组织者的要求高；讨论可能局限于形式，讨论内容缺乏真实性，无法反映部门真实情况
工作任务分析法	记录表设计/工作盘点法	通过岗位资料分析和员工现状对比得出员工的素质差距，结论可信度高	花费时间和费用较多

续前表

方式/方法	优点	缺点
观察法	培训者和培训对象亲自接触，对他们的工作有直接的了解	花费时间较长；观察效果受培训者对工作熟练程度的影响；观察者的主观偏见也会对调研结果有影响
调查问卷法	问卷发放简单，可节省培训组织者和培训对象双方的时间；成本较低，又可针对多人实施，所得资料来源广泛	调查结果是间接取得，无法断定其真实性，而且问卷设计、分析工作难度大

1.3 培训需求调研的结构与内容

培训需求可以理解为通过培训能够解决的问题，例如大客户销售技能与售后服务技巧可以通过培训传授给每个受训人员。只有适合企业特色且满足受训者特征的定制化的课程才能真正满足企业的需求。

在需求调研上，常用的方法一般是问卷调查法。我们应该站在业务的视角、站在战略的视角、站在经营的视角、站在客户的视角，去深度访谈和调研。在设计问卷和访谈时，一定要让员工清楚自己的职业规划，否则，我们就不能确定员工真正的培训需求。培训需求问卷调查表如表3-3所示。

表3-3　　　　　　　　培训需求问卷调查表

您好！
为了能够为贵公司提供更加客户化、专业化的培训服务，我们特意设计了本问卷，旨在进一步详细了解贵公司的培训需求与期待达成的目标，因而，希望贵公司能够真实、具体、详细地回答以下问题，如有补充，可附加在问卷后面。
请按照题目的顺序依次回答所有问题，我们将对贵公司提交的任何资料严格保密。感谢您的合作。

　　　　　　　　　　　　　　　　　　　　　　　　　　　年　　月　　日

请标出您认为最合适的描述 1. 请问您的工作是： 负责各级主管的经理人、高级项目经理 主管、项目经理、产品经理（请说明您的部门名称：_____） 销售部工作人员 市场部工作人员 其他（请说明：_____）
2. 您在目前这个岗位上工作了多长时间？ 少于1年　　　1至2年　　　2至3年　　　3年以上
3. 请回顾下： 在日常业务中您所遇到的最大的困难是什么？什么时候遇到的这个困难？   当时的情形是怎样的（请简单描述）？   困难是如何解决的？当时为什么认为是困难的？
4. 接第3题： 当时您采取了什么对策？对策的结果如何？   现在看来，您是否会采取不同的对策？是否有更好的建议？
5. 为了满足企业业务发展的需求，不同的部门和岗位会对从事该工作的人有基本的技能、经验要求。 对于下面技能，请按照贵公司的标准评定其重要程度：1代表根本不重要；2代表略微重要；3代表重要；4代表比较重要；5代表非常重要。 为了达到公司要求的技能标准，请标出您认为对此进行培训的必要性：1代表不需要；2代表某种程度上的需要；3代表需要；4代表特别需要；5代表强烈需要。

技能标准	重要程度	培训的必要性
沟通与团队合作	1 2 3 4 5	1 2 3 4 5
时间管理	1 2 3 4 5	1 2 3 4 5
营销技巧	1 2 3 4 5	1 2 3 4 5
客户服务	1 2 3 4 5	1 2 3 4 5
项目管理	1 2 3 4 5	1 2 3 4 5
市场研究	1 2 3 4 5	1 2 3 4 5
领导力	1 2 3 4 5	1 2 3 4 5

6. 请在下面按重要性由高到低列出您认为工作、培训中需要改进的地方，并具体说明。
（1）_____
（2）_____
（3）_____
非常感谢您的参与，请于　月　日之前将本调查表交到以下地址：_____

通过问卷调查表，培训者可以较为全面地了解培训对象的需求，进而设计有针对性的培训方案，因此，问卷调查被各大企业所采用。例如，华为大学的课程开发部门一般通过问卷调查、课程回访等方式向业务部门广泛调研，并获得业务部门详细缜密的反馈，将业务部门反馈的信息进行仔细的分析和研究后再进行课程开发。

李敏是华为的内部课程培训师，2007年通过社招加入华为，她非常在意自己的专业素质，认为凡事都应该按专业情况来。一次，在跟一线客户经理的电话会议中，主管领导对她说："客户界面的需求，我们平台理应支持，高层级课程向低层级客户学员覆盖，可能与你的设计理念不同，但是市场有需求那就是合理的。"

李敏不同意，领导告诉她："我们需要有不同的声音来碰撞，但是你得用实际行动说服我。"李敏没有急于反驳，而是摆出数据和事实，详细对比两种需求的优劣，终于说服了领导，最后课程按照她的设计方案来做。后来，她的设计方案获得好评，她也因此得到了领导的认可。

一般来说，华为的培训需求调研分析主要来自以下几个方面。

第一，公司战略。华为是业务战略驱动培训，培训需要围绕着公司的管理变革、战略调整等大方向进行。比如说当公司的主要战略方向发生变化时，自然也需要对应的人才和能力。

第二，业务需求。这通常是业务部门具体的需要。当业务部门当前的能力无法切实解决遇到的困难和问题，或虽然还能解决问题，但已经到了瓶颈时，就需要在可预见的时间内进行培训。比如说新产品上市之后，营销人员还尚未掌握相应的产品知识。

第三，个人能力。员工个人的能力与素质需要与公司的要求相匹配，当无法匹配时，自然产生了培训的需求。最典型的就是新员工培训。

2. 需求数据的梳理和分析

收集数据之后，要通过归纳统计学、比较分析法等数据筛选和分析方法对数据进行详细的研究和分析，从中明确企业培训需求和价值点，然后根据总结出的内容寻找和开发合适的课程。

2.1 分析数据的多种方法

数据分析是指用适当的统计分析方法对收集来的大量数据进行分

析，是为了提取有用信息和形成结论而对数据加以详细研究和概括总结的过程。

对于培训和发展从业者来说，在数据筛选和分析过程的早期阶段就发现异常数据是一项关键能力，常用的数据分析方法有归纳统计学、描述性统计学、分组分析法、回归分析法等，详见表3-4。

表3-4 常用的数据分析方法

分析方法	具体内容
归纳统计学	通过样本分析来给总体下结论
描述性统计学	只描述和分析特定对象而不下结论或推断
比较分析法	通过有关的指标对比来反映事物数量上的差异和变化
分组分析法	根据统计分析的目的和要求，把研究的总体按照一个或者几个标志划分为若干个部分，加以整理，进行观察、分析，以揭示其内在的联系和规律
回归分析法	依据事物发展变化的因果关系来预测事物未来的发展走势，这是研究变量间相互关系的一种定量预测方法

除了各种分析方法外，我们还会用到各种数据分析工具，如大部分数据分析都可以用Excel，或者使用SPSS、SAS等软件解决。另外，在整个分析数据过程的早期，数据看起来是杂乱无章的，因此我们在处理分析数据的时候要遵循一定的步骤，如图3-3所示。

呈现数据 ← 陈列数据 ← 合成数据

图3-3 处理分析数据的一般步骤

合成数据的一般步骤：

第一步是熟悉数据，查看数据是否具有初期表面效度；

第二步是从这些数据信息中挖掘意义。重温研究问题和开始运行测试，查看这些数据提供了哪些关键性的答案。

所有数据收集的目标都是给客户和利益相关者提供正确的信息，从而做出正确的决策。

陈列数据的一些准则，详见表3-5。

表3-5 陈列数据的相关准则

序号	具体内容
1	从数据收集采用的工具开始。描述要简单明了，但要确保有足够的信息，以使客户对所采用的工具有信心
2	指出数据收集工具的优缺点
3	不要让客户淹没在数据中
4	要先总结数据，而不是在数据中插入解释
5	突出明确回答中心问题的数据，不要给出有关数据的个人意见
6	尝试预见客户可能提出的问题，并在演示中提出。试着提供改进建议
7	把这些建议和数据结合起来，确保时刻使用数据来证明结论
8	提供不同选择，而不是解决障碍的单一方法

呈现数据是处理分析数据必不可少的步骤，目的是从大量的数据以及没有规律的数据中提出有价值的数据。

通过以上不同的数据分析方法以及处理分析数据时遵循的三个步骤，我们可以对培训需求数据进行全面而细致的分析，为后续培训及价值点的挖掘提供便利。

2.2 通过数据分析明确价值点

如今，大数据在各行各业的应用和扩展十分普遍，广义上的大数据指的是所涉及的信息规模巨大,无法通过目前主流软件工具在合理时间内撷取、管理、处理,并分析成能有效支持决策制定的数据资讯,通常具有 4 个 V 的特征——数据量大(Volume),速度快(Velocity),多样性(Variety),价值高(Value)。

按照上述多种数据分析方法可以从不同维度进行数据分析,培训对象在熟悉了这些数据之后,下一个步骤就是从这些数据信息中挖掘意义,明确其中的价值点。针对培训可以从接受的学习方式、教学方法、效果影响因素、讲师类型和需要改善的地方五个不同维度分析数据,如表 3-6 所示。

表 3-6　　　　　　　　培训分析数据的不同维度及价值点

维度	需求选项	价值点
接受的学习方式	受训人员到外部培训机构接受系统训练	反映出部分员工希望从公司外部得到新知识、新思想
	由公司内部有经验的人员进行讲授	说明了大家对以往内部培训师开展的培训表示肯定
	部门内部组织经验交流与分享讨论	说明该方式也是提高实际工作能力的一种有效方式
教学方法	案例分析	说明大家更希望通过真实案例进行分析,从而获取"经验"
	模拟及角色扮演	说明大家希望通过理论的探讨联系实际有效提升自我
	课堂讲授、游戏竞赛	提示我们在安排培训时可以选择多样化的培训方式
效果影响因素	培训内容的实用性	说明非常多的员工对培训内容的设计等方面提出要求
	培训方式与手法	说明部分员工认为讲师的培训手法也很重要
	员工的培训参与意识	客观上向培训管理者与培训师提出了关注培训需求、调动学员参与度的要求

续前表

维度	需求选项	价值点
讲师类型	实战派知名企业专家	说明学员希望授课讲师是富有实战性的企业家,能提供丰富的实战经验
	本职位优秀员工	说明学员信任本公司员工的专业度
需要改善的地方	培训内容实用程度有待改进	说明过往组织的培训内容脱离实际,使用度有限,不能将培训学习成果运用到实际工作中,转变为绩效的提升
	培训应少而精	说明当前培训工作有"为了培训而培训"之嫌,不能体现出培训的真实价值
	培训形式应多样化	说明在培训形式上应有所创新、丰富化

按照上述表格中五个不同维度的不同需求选项对培训学员进行问卷调查,并运用统计学等方法进行分析,可更全面地明确学员对培训的需求并抓住其中的价值点,使培训产生质的飞跃,体现培训的真实价值。

2.3　确定需求背后的要素

企业的培训成长遵循了从无到有、从有到精、从精到系统的过程,关注点也会发生很大的变化。由于企业关注点的变化,我们可以从业务目标出发,逆向倒推,进而寻找或开发合适的课程。

在确定需求的过程中,组织分析、员工分析和任务分析三个要素是一个有机整体,缺少任何一个要素都不能进行有效的确定,如图3-4所示。

组织分析主要是确定在整个组织中哪些部门、哪些业务需要实施培训,哪些部门、哪些业务需要加强培训。一般来说,组织分析主要有以下三个步骤：第一步，组织目标分析；第二步，组织资源分析；第三步，组织战略分析。

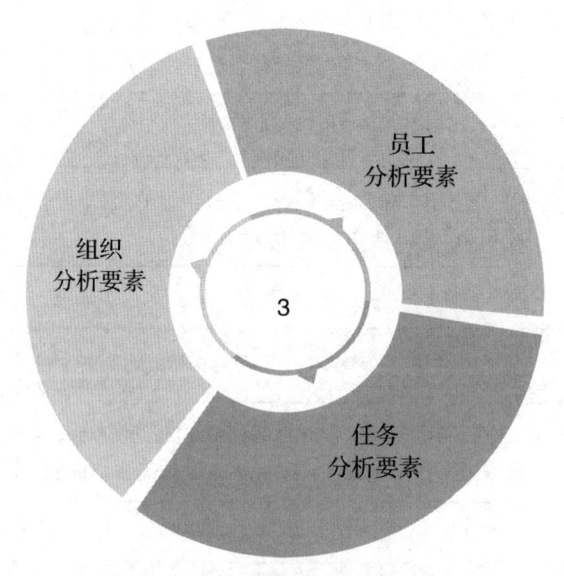

图 3-4 确定需求过程的三要素

员工分析主要是通过分析工作人员现有状况与应有状况之间的差距，来确定谁需要和应该接受培训以及培训的内容。员工分析的重点是评价工作人员实际工作绩效以及工作能力。员工分析的具体内容详见表 3-7。

表 3-7　　　　　　　　　　员工分析主要维度和内容

分析维度	具体内容
个人考核绩效记录	包括员工工作能力、表现、意外事件、参加培训的记录等
员工的自我评价	以工作清单为基础，员工针对每一单元的工作成就、相关知识和相关技能真实地进行自我评价
知识技能测试	以实际操作和笔试的方式测试员工真实的工作表现
员工态度评价	这不仅影响其知识和技能的学习和发挥，还影响与同事之间的人际关系，影响与客户的关系，这些直接影响其工作表现

任务分析是指运用各种方法收集某些工作的信息，并对某些工作进行详细的描述，明确该工作的核心内容以及需具备的素质能力，从而达到最优的绩效。任务分析的具体流程如图3-5所示。

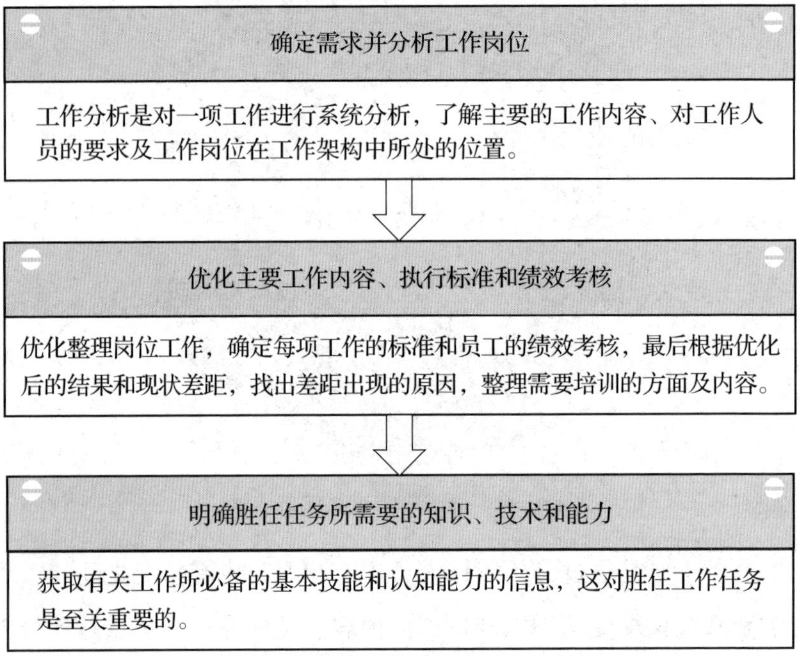

```
┌─────────────────────────────────────────────────────┐
│           确定需求并分析工作岗位                      │
├─────────────────────────────────────────────────────┤
│ 工作分析是对一项工作进行系统分析，了解主要的工作内容、│
│ 对工作人员的要求及工作岗位在工作架构中所处的位置。    │
└─────────────────────────────────────────────────────┘
                          ↓
┌─────────────────────────────────────────────────────┐
│         优化主要工作内容、执行标准和绩效考核          │
├─────────────────────────────────────────────────────┤
│ 优化整理岗位工作，确定每项工作的标准和员工的绩效考核，│
│ 最后根据优化后的结果和现状差距，找出差距出现的原因，  │
│ 整理需要培训的方面及内容。                            │
└─────────────────────────────────────────────────────┘
                          ↓
┌─────────────────────────────────────────────────────┐
│         明确胜任任务所需要的知识、技术和能力          │
├─────────────────────────────────────────────────────┤
│ 获取有关工作所必备的基本技能和认知能力的信息，这对胜任│
│ 工作任务是至关重要的。                                │
└─────────────────────────────────────────────────────┘
```

图3-5 任务分析的具体流程

通过对组织分析、员工分析和任务分析三个要素不同层面和内容的整理分析，可有效且较为准确地确定企业培训需求，进而开展更有针对性的培训课程。

3.多角度评估学员的接收水平

了解学员水平能够为差距寻找法的实施提供依据。以培训方需求为终点，以学员现有水平为起点，二者之间的差距即为培训需要解决的问题。因此，我们可以从知识水平、兴趣水平、语言水平等多个角度衡量并掌握培训学员的接收水平。

3.1 考虑学员已有的知识水平

做好一场培训，课题应贴合学员需求。讲师在培训前应该与学员进行沟通，了解学员的构成、学员的知识水平、学员实际工作中遇到的困惑和急需解决的问题等，有针对性地开发课程和授课，才能获得学员的喜爱，上课时学员才会认真听。吸引学员参与，与学员一起互动，让学员积极练习，才能取得较好的学习效果。我们可以通过三种途径了解学员已有的水平，如表3-8所示。

表3-8　　　　　　　　　了解学员水平的三种途径及调研内容

途径	调研内容
分析学员背景	学员工作内容、年龄层次、学历层次、工作关系、经验年资、职位职级等
掌握学员对培训内容的了解	1. 搜集以往开展过的同类或相关培训内容及资料 2. 依据培训内容，对学员开展培训前测评
了解学员学习习惯	1. 了解以往培训中受学员欢迎的教师风格（如讲授型或互动型） 2. 了解以往培训中受学员欢迎的教学形式（如课堂学习或在线学习）

在分析学员背景、掌握学员对培训内容的了解、了解学员学习习惯的学员水平调研之后，我们还要考虑学员已有的知识水平在哪个层级，以及他们需要达到的水平。一般来说，知识水平通常被划分为四个层级：知道—熟

悉—胜任—精通，具体详见表 3-9。

表 3-9　　知识水平层级分析表

层级	具体内容
知道	指学员在看到该事物的时候，能够识别出来
熟悉	他们可以回忆起和该事物相关的一些信息。如果他们需要更多的内容，知道去哪里找到
胜任	意味着他们可以应用知识、展现技能
精通	意味着他们可以把概念和技能传递给他人

在了解学员的不同知识水平层级后，就要采取不同的培训模式，有效区分不同类型的需求，教授不同层次的培训内容。比如，面对普通水平的学员，培训师在授课时并不需要传授多么高深的知识或者技巧，这会给学员造成接受知识的障碍，学习效果反而不好。

在华为，任正非就曾批评某些干部对于培训的认识存在偏差，主次不分、轻重不分。他说："我们的培训不能把知识'一锅倒'，什么东西都塞给员工，要有所区分，教给他必要的知识，有针对性地提升他的技能和能力。有的主管喜欢'高瞻远瞩'，员工还在做这个项目，主管就把下一层的东西'倒'给他，员工也有意见。依我看，那不是高瞻远瞩，是好高骛远。他负责这个项目，你就帮他提升这个项目的经验和能力，扎扎实实做好眼前这个项目就可以了。"

3.2　评估学员的学习兴趣所在

兴趣是最好的老师，在培训前评估清楚学员的兴趣所在，抓住学员的兴趣点，并掌握学员目前所处的阶段，可以增强培训效果，在某种程度上说培训就已经成功了一半。

我们通常将兴趣水平分为四个阶段，分别是：囚禁—度假—社交—学习。具体内容如图 3-6 所示。

囚禁
"囚禁"的学员是被逼去学习的，自己并不想留在课堂上，他们宁可去别的地方度过这一天，参加培训对他们来讲是惩罚。

度假
"度假"的学员是把学习看成是一种逃避工作的方式，在课堂上比在工作岗位舒服。

社交
"社交"的学员把培训当成可以结识更多朋友、和老朋友叙旧的好机会。

学习
"学习"的学员是想通过培训学习新的知识和技能。

图 3-6　兴趣水平的四个不同阶段

一旦我们评估了学员的兴趣水平，我们就要考虑在培训的开始如何设计以有效地激发学员的兴趣，准确抓住他们的兴趣所在；如何让他们对能给他们带来价值的培训产生期望。

为"学习"型学员设计课程是容易的，但是为其他三种类型学员设计学习课程相对有挑战。此时，就需要培训组织者使用一些方法，为这三类学员设计一个"对所有人都友好"的学习环境，调动学员思考，找到他们的学习需求，从而激发学员学习的兴趣。

在科林·罗斯的加速学习 MASTER 模型中，第一步 M 表示的是激发动机（Motivating Minds）。在成人学习中，学习的动机可能来自三个方面，如表 3-10 所示。

表 3-10　　　　　　　　　　学习动机的三大来源

	来源	具体内容
1	工作、生活所需技能	人们遇到新的问题需要解决，例如新的工作系统、新的角色转变
2	爱好、兴趣、好奇心	对某件事或某个事情产生了兴趣，例如健身、栽培绿植、手工等
3	差距和挑战	发现自身的短板，以及与他人之间或所设的目标之间的差距

对于培训，每位学员，都需要调准自己的接收频道，并问自己这些问题：学习的内容对我意味着什么？学习这项内容能帮我更好、更快地完成工作吗？学习后，我能避免什么损失？我能获得什么收益？我和他人之间的差距是多少？

面对与他人的差距，如果培训师能够帮助学员成功地产生好奇心，他们就会自己想办法找到问题的答案。人们的好奇心越强，就越容易下定决心，做足准备，运用自身的各种资源去找到答案。

一般情况下，学员没有学习的兴趣，往往是对自我的认知或对某个主题的认知产生了偏差，而培训组织者如果能一针见血地指出这些偏差，直击学员的痛点，就能很大程度上揭露学员的学习需求。激发学员学习兴趣的常用方法如下：

（1）提出与主题相关的问题，激发思考，让学员对课程内容产生好奇。

（2）发送一小部分材料信息，让学员"浅尝辄止"，以激发好奇心。

（3）发放调查问卷或评估表，让学员对自身水平或调研结果产生猜测。

3.3 选择最佳的培训交付模式

课程开发人员明确了企业培训需求,掌握了学员现有水平层次,设定了合理的培训目标之后,培训就成为一项"水到渠成"的工作。那么,如何确定最佳培训交付模式,以达到最佳的学习效果?这时,必须从其他类型的需求评估中获取信息,并确定何时、何地、采用何种方式交付培训。

一旦确定了目标人群和学习目标,接下来就是要选择最佳的手段来设计培训,以实现最佳培训目标。

培训可以提供给个人或者团队,也可以在自学或者工作中进行。例如,人际交往或督导技能培训的学习目标往往要求与其他参与者联系,做到融会贯通。在这种情况下,真实课堂中的小组培训比基于互联网的自学培训更合适。

根据培训的需求和培训效果,可以选择培训最佳班级人数,这时需要考虑五个关键要素:成本、一致性、交付时间、培训师的专业性和其他。如表3-11所示。

表3-11 选择培训最佳班级人数时需要考虑的五个关键要素

培训方式	成本	一致性	交付时间	培训师的专业性	其他
小组	中	高	短	高	差旅费
自学	中	中	中	高	中途辍学
在职	高	低	长	中	浪费和延误

成本的高低在一定程度上决定了培训方式。在职培训是以上三种选择中培训成本最高的,因为培训师或主管的培训总是不断重复,而每次只能培训

一个人或一个小组。

另外，当整个团队接收同样的信息并接受同样的培训时，一致性能够得到最好的保持。培训重复的次数越多，各种消息给予和获得的机会就越大。

培训交付时间取决于短期内多少人能够接受培训。如果100个人可以统一或分成4个小组接受培训，那么培训的效率就会很高。相反，如果100个人被要求参加自学培训，那么个体的差异性和自觉性，则会导致每个人完成培训的交付时间不一致，以自学为主的培训方式一般情况下交付时间会长于小组培训。

当与内容专家小组会谈时，培训师的专业性必须达到很高的水平，才可以以材料或者讲课的形式带动小组展开培训。由于自学培训的学员没有机会向培训师当面请教内容知识，因此，培训师提供专业知识时必须要将其嵌入资料中。提供在职培训的培训师的专业性需要达到中等水平，因为大多数在职培训师拥有相关专业技能，但很少拥有成人学习相关知识和技能。

其他考虑因素包括由于外出参加会议增加的差旅费。自学培训相对于课堂培训来说，中途辍学率会更高。在职培训则会耽误正常的工作时间。这些也是在选择培训方式时需要考虑的因素。

4. 明确课程价值，绘制价值地图

对于企业出资的学习项目来说，排在第一位的永远是业务目标。因此，想要企业获得更多的收益，我们应以真实还原的场景为基础，以业务需求为出发点，预期结果必须先于学习目标的制定，明确预期结果课程的价值，绘制价值地图，实现业务结果。

4.1 以终为始，明确预期课程价值

创造价值的第一步及最关键的一步，就是明确价值的定义，用史蒂芬·柯维的一句名言来说，就是"以终为始"。然而，如何定义价值？对于企业学习来说，价值来源于企业的关键性场景，价值存在于企业愿景和使命中。如果学习可以帮助企业实现目标，它就具有了价值。如果学习能够给个人或社会带来巨大价值，但与企业目标无关，不能给企业创造价值，那么这类学习就失去了投资的意义。

因此，想要企业获得更多的收益，我们应以业务需求为出发点，明确预期培训课程的价值，从而实现业务结果。界定培训项目的业务结果，一般有四个步骤，如图3-7所示。

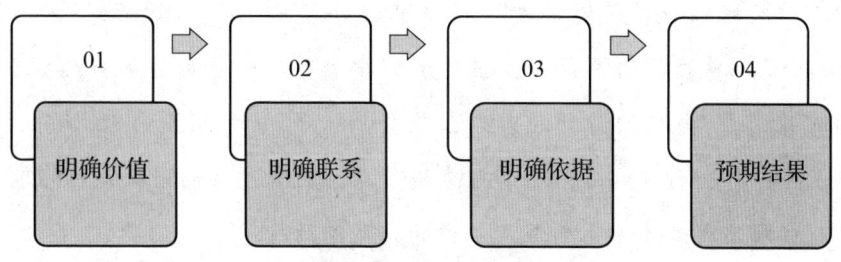

图 3-7 界定培训项目的业务结果的步骤

01 明确价值 → 02 明确联系 → 03 明确依据 → 04 预期结果

（1）明确企业希望通过学习获得的价值，有助于设计出更有效的干预手段。确定企业对学员今后工作的预期要求，有助于确定学习方法、媒介、时间安排、顺序及相关支持。

（2）培训和组织使命之间应保持明确的紧密的联系，这样可以确保学员

的经理提供更多支持和参与。

（3）预期结果为学习项目的优先性提供了扎实的依据。决定优先的顺序的时候，可以以结果的重要性和战略意义为基础，不能只看项目的热门程度或学习部门对某种特定方式的偏好。

（4）管理层预期的培训结果是评估培训成功与否的标准。

经过上述步骤，我们明确知道以预期培训课程的价值和结果为基础，以终为始的方法能有效促进培训结果向更好的方向发展。因此，不少企业在开展培训项目之前都采取了此类方法。

吉姆曾经与一家连锁医院有过合作，他们想要提高业绩。高级管理层将此项培训项目命名为"创造卓越"。在这个项目背景下，全公司整齐划一，并将"创造卓越"的口号挂到了旗杆（字面意思）上。然后，请吉姆帮助他们设计培训课程和评估方案。

吉姆做的第一件事情就是问公司管理层这个最为重要的问题："你所认为的成功的培训应该是怎样的？"他们回答说不确定。吉姆又换了个问法："你们所说的卓越指的是什么？当你达到卓越时，你如何才能知道呢？"他们的回答是："当我们看到的时候，就会知道了。"吉姆没有就此停下，而是马上安排与公司里的每一位管理者进行单独的会谈。最终从每位管理者及其事业部那里得到了一系列截然不同的"预期结果"。

总而言之，这家企业对自己的培训项目想要实现何种目标并不清楚。如果培训目标模糊不清，或者大相径庭，吉姆不会答应为他们设计培训项目。在实际过程中，对于这样的项目，我们也要谨慎为之。清晰地定义和聚焦培训项目的目标和重点，是最终实现培训目标必不可少的第一步。

作为培训的结果，首先我们要清楚到底要学员们知道、感受、应用什么内容，然后从这些内容出发逐一实现。对此，教育心理学家确认了四个领域的学习，如图 3-8 所示。

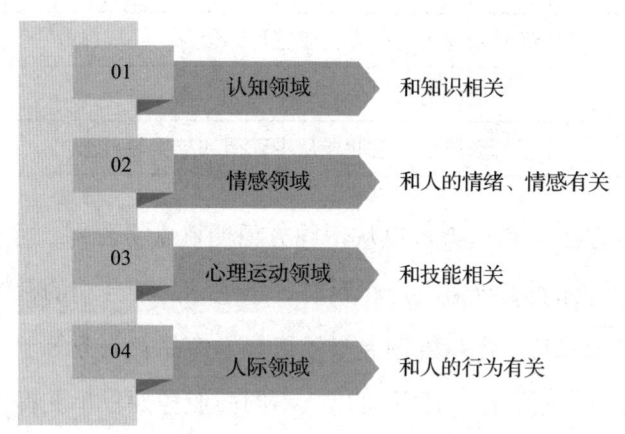

01	认知领域	和知识相关
02	情感领域	和人的情绪、情感有关
03	心理运动领域	和技能相关
04	人际领域	和人的行为有关

图 3-8　四大领域的学习内容

作为培训师，你的目标是让学员学会一系列知识、改变某些情感、应用某些技能，或者改变某些和他人交往的方式，从而达到最终的目标价值。

4.2　根据业务目标绘制价值地图

培训需要时间和金钱的投入，为了确保企业的投资得到回报，需要对学员的业绩和业务预期目标了解更多，只有了解得越多，才能设计出更有效的培训项目。

在企业培训的过程中，企业管理者或培训者要将业务目标传达给学员，只有学员充分了解其应该完成的工作任务，才能逐步实现企业的战略目标。因此，学员从内心深处了解并接受企业业务目标，对一个企业来说是极其重要的。

帮助培训管理者理清业务目标的方法有很多，具体如表 3-12 所示。

表 3-12　　　　　　　　　理清业务目标的方法

1	讨论最优绩效带来的结果
2	询问管理者对员工有哪些预期目标
3	了解培训需求以外的业务推动因素
4	了解通过培训企业能从中获得的结果是什么

通过以上方法，管理者可以从不同方面明确业务结果，了解最终目标，进而根据业务目标明确价值点。在我们曾经主导的某公司的营销人员培训模板中，针对销售技巧、项目管理、市场拓展、产品及服务等业务开展了相关培训课程，在培训过程中，学员可以从不同的业务课程里获得不同的技能价值点。基于此，我们绘制了价值地图，如图 3-9 所示。

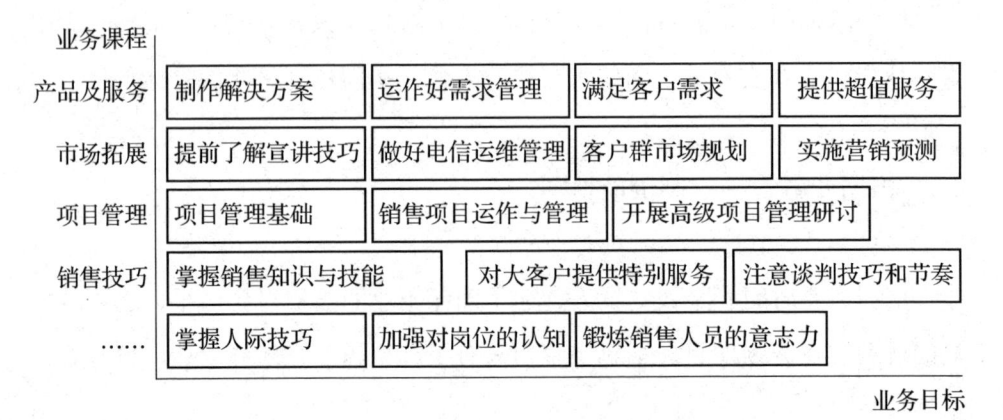

业务课程				
产品及服务	制作解决方案	运作好需求管理	满足客户需求	提供超值服务
市场拓展	提前了解宣讲技巧	做好电信运维管理	客户群市场规划	实施营销预测
项目管理	项目管理基础	销售项目运作与管理	开展高级项目管理研讨	
销售技巧	掌握销售知识与技能	对大客户提供特别服务	注意谈判技巧和节奏	
……	掌握人际技巧	加强对岗位的认知	锻炼销售人员的意志力	

业务目标

图 3-9　某公司业务目标的价值地图

销售技巧课程包括了销售与融资、专业推广技巧、专业销售技巧、大客户销售、销售谈判技巧、卓越销售精英训练等模板。通过不同阶段不同课程的针对性培训，学员掌握并熟悉了销售的基本知识与技能，了解了销售与融资的关系，以及融资的相关知识；在掌握基础销售的前提下，掌握了如何正确应对客户的拒绝、反对以及与客户达成协议的技巧；学会在销售时注意与客户谈判的流程、节奏和谈判策略等，这些都是根据业务目标设置课程并获得的价值点。

5. 注重转化，构建学习价值链

学习转化是培训与发展项目中创造价值的关键。当学员学到了新技能或者将新知识转化到日常工作，并促使个人和组织绩效提高时，培训便有了价值。这得益于对关键性场景的筛选和还原，梳理出价值点，形成价值链。学习价值链注重按照认知—行为—结果这一顺序快速转换迭代，为企业创造价值。

5.1 展示学习与业务目标的关系

学习项目与具体业务需求之间的联系越紧密，学员及其主管给予培训师的认可就越多，用业务结果代替学习目标，学习组织也会得到管理层的更多支持。学习项目的目的是帮助学员在工作中有更好的表现——用全新的、更有效的方式处理工作。为了实现最优的学习效果，学习项目需要满足以下四个条件：

（1）明确定义业务结果及预期好处；

（2）确定所需的绩效表现（技能及行为）；

（3）筛选学习内容，只留下与工作相关的必要内容；

（4）教学方法与预期绩效匹配。

我们通过拓展逻辑图（如图3-10所示）得到的价值链满足上述四个条件，而且能保证这四个方面的连贯性。

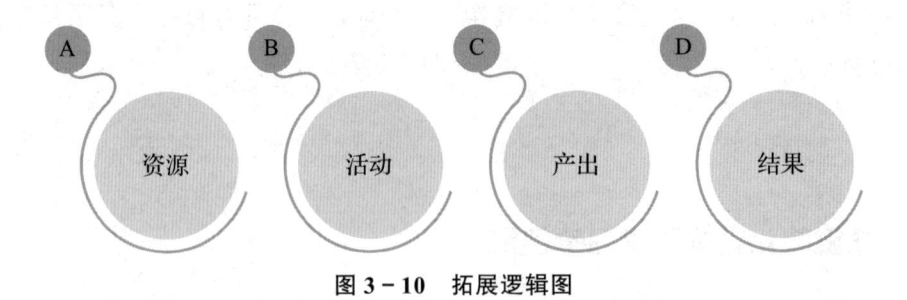

```
   A        B        C        D
 资源      活动      产出      结果
```

图3-10　拓展逻辑图

上图展示了学习活动与预期结果之间的关系，逻辑图一般按照时间顺序从左到右制定学习规划——活动获得产出，产出带来结果。但是，如果按照从预期结果到活动规划这样的逆向顺序，效果可能会更好，如表3-13所示。

表3-13　　　　　　　　逻辑图的逆向顺序及内容

阶段		具体内容
1	结果	客户满意度提升、销售额增加、生产周期缩短
2	产出	学员人数、在岗培训课时长
3	活动	培训、行动学习项目、绩效支持等
4	资源	时间和金钱

在学习的价值链中，预期结果就是项目的业务目标，如图3-11所示。预期结果是指学员的新技能和新知识，行为是指具体的学习体验和支持机制，这些机制可以帮助人们掌握并且坚持应用所需技能。在波特的价值链中，如果所有连接都牢固有力并且互相增值，就可以使企业的竞争优势最大化。

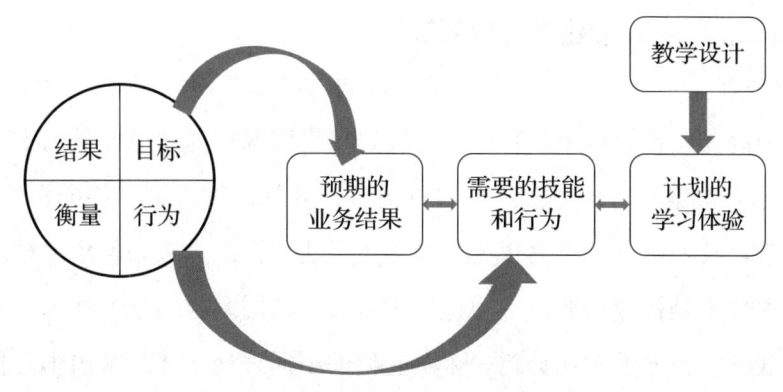

图 3-11 学习与业务目标的关系[①]

价值链展示了学习与业务目标之间的关系,学习的价值链主要有四个作用:

(1)明确了学习活动和预期结果之间的逻辑联系;

(2)帮助培训师和学员看清每一项内容和每一项联系的关联性;

(3)过滤掉了与绩效不相关的内容;

(4)帮助设计团队发挥创意,批判性地思考"这种教学方法是实现预期结果的最佳选择吗"。

学习带来的好处,使每项学习内容都和所需的技能或行为相连,然后又与业务结果相连。经过完整的学习体验(准备、课程、在职学习、社会学习、绩效支持、成就认可等),才能保证学习效果,鼓励学员不断巩固学习内容。

有了价值链,就可以保证每一个人——包括学员、学员的经理和培训讲师都能理解每一项学习内容的目的和原因。此外,它还可以过滤掉多余的内容,如果学习内容或练习与预期绩效无关,它们就不应该在学习项目中出现。

---

① 罗伊·波洛克,安德鲁·杰斐逊,卡尔霍恩·威克. 将培训转化为商业结果:学习发展项目的 6Ds 法则:第 3 版. 学习项目与版权课程研究院,译. 北京:电子工业出版社,2017:169.

5.2 聚焦价值点，构建学习价值链

要围绕焦点目标运用多种学习手段对场景资源重新还原，从而实现价值突破，进而构建学习价值链。学习价值链，通常被称为第三代的学习技术。第一代学习技术是基于能力模型构建的，以能力标准为核心的学习技术。第二代学习技术是构建一套以学习地图为核心，共同实施的学习技术。我们通过对三代学习技术的对比分析，了解它们的不同之处，并总结出学习价值链的优势，如表3-14所示。

表3-14　　　　　能力模型—学习地图—学习价值链

基础	能力模型	学习地图	学习价值链
	岗位	路径	价值链
方式	行为访谈－提炼能力 确定能力－具化行为 行为标准－还原行为	基于战略梳理职责 承担职责的学习地图	学习价值链模型 直指业务收益的加减法设计
特点	基于现状，难以应对挑战	培养大而全，周期长	直指业务收益
	修改不及时，会因事、人变化而变化	不能排列出不同重要性的顺序	支持业务需求快速
		不易动态跟进	迭代，不断完善

"价值链"模型是哈佛大学商学院教授波特首次提出的，建立价值链需要三个步骤，如图3-12所示。

学习价值链源于业务价值链，相对于能力模型和学习地图，学习价值链具有前两者所没有的优势，因此常常被用于企业培训和管理：（1）价值链可以帮助企业确定竞争优势；（2）价值链是为企业创造增值活动的集合；（3）企业竞争归根到底是价值链竞争。以下是迪卡侬体育用品销售公司的

具体情况。

迪卡侬的管理层非常重视员工的招聘与培训工作。除了拥有跟销售有关的专业技能和从业经验外，应聘者必须保持对体育一如既往的热情。这种招聘策略逐渐使得公司赢得赞誉，消费者纷纷表示，迪卡侬的客户服务非常好，售货员总是充满激情，这种激情常常能感染顾客投身体育。

在日常经营中，迪卡侬把大量的时间投入员工培训中，培训重点主要包括公司产品线和客户服务技巧两部分。最近的客户满意度调查显示，消费者普遍认为公司的员工在帮助顾客挑选商品时非常有帮助而且专业知识非常强，甚至能提供符合特定客户的个性化服务。消费者还认为迪卡侬的产品线非常丰富，客户似乎总能找到一款适合自己的体育用品。

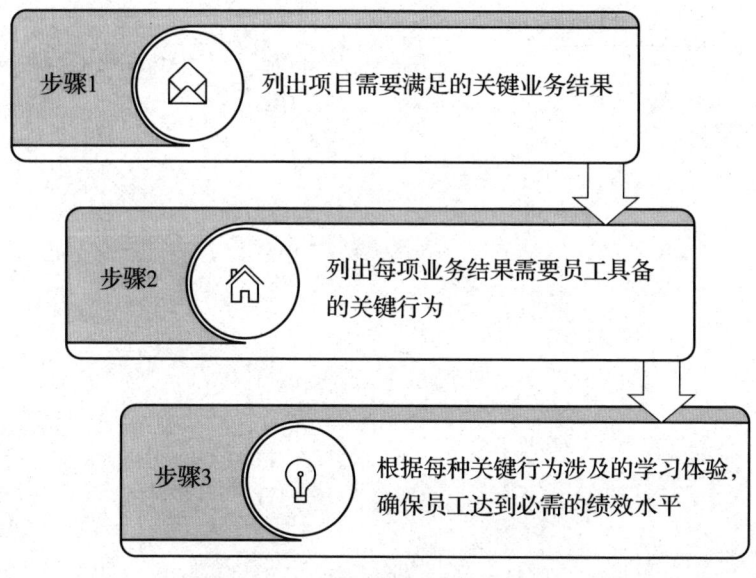

步骤1　列出项目需要满足的关键业务结果

步骤2　列出每项业务结果需要员工具备的关键行为

步骤3　根据每种关键行为涉及的学习体验，确保员工达到必需的绩效水平

图3-12　建立价值链的三个步骤

从上述迪卡侬的案例中，我们可以知道，迪卡侬的销售优于其他竞争对手的重要原因除了重视培训以外，还包括注重变化。在学习价值链中，这被称为"迭代学习"，是学习价值链的重要特征之一。

迪卡侬正是抓住了学习价值链对销售的重要性，在企业发展过程中，聚焦价值点，运用先进技术不断迭代更新，快速地适应市场环境的变化，从而满足消费者的各种需求。

第4章
场景重构

根据对培训对象的需求调研,通过培训需求和学习目标确定了培训内容,并运用多种数据分析手段,明确了价值点。在培训时,将价值点与场景重新结合,设计更有针对性和目标的教学内容以吸引学员注意力,以达到最佳培训效果。

1. 围绕学员对象设计教学内容

教学内容是影响培训效果的根本因素,要根据培训目的和培训对象对其进行合理的安排。由于不同层次学员的工作重点、知识水平、学习兴趣点不同,他们所关注的知识点也不同,所以,即使有相同的培训目的,不同层次的培训对象的课程内容也要有所区别,要根据培训对象的不同层次设计不同的课程教学内容。

1.1 场景的前提:做好人物设定

做好人物设定,首先要构建人物画像,围绕学员设计内容。针对学员的人物设定,我们一般要考虑三方面的属性:物理属性、工作属性和能力属性。具体如表 4-1 所示。

表 4-1　　　　　　　　人物设定的三个属性内容

属性	具体内容
物理属性	年龄、学历、成长经历、个性
工作属性	岗位、职级、绩效、团队关系
能力属性	业务能力、潜力、职业发展、领导力

在了解学员的具体属性后，要进行基于学员对象的人物分析，浓缩学员的特点与需求，根据对学员的分析和了解，提出有针对性的问题，设定符合培训和学员需求的相关场景。不同的培训对象会有不同的人物设定，同时，也会呈现不同的场景设计。

华为人才管理部的卢凤曾分享过自己是如何通过富有针对性的提问，来充分了解相关主管工作中存在的问题，并且帮助他们找到改进问题的方向的。

当谈到如何关注下属能力发展和成长时，卢凤问道："有了解过他们在个人发展方面的想法吗？您都做了哪些来发展下属的能力？"主管回答道："比较少，我觉得能力实际上是通过好的绩效产出来证明的，能力也是通过一个个阶段性目标的实现提升起来的。"通过这样的回答和一些补充作答，卢凤发现该主管并不知道公司在专业员工的发展方面，是提供了相关的机制和平台的。于是她马上提出了专业任职资格这一工具，在发现主管的改进之处的同时，还给他提供了解决思路。

如果卢凤只是一味地进行"什么"式的简单提问，那由于主管只需要回答自己做过的事情，卢凤便很容易忽略掉主管"没做到哪些方面"的可能性。而在上述例子中，卢凤将关注下属能力发展和成长的问题，细化到"员工个人发展方面的想法"，以及"主管为了发展下属能力所采取的相关举措"上，这引导了主管在回答问题的过程中，充分地将自己工作中的不足之处暴露了出来。这便是针对性提问的智慧与魔力所在。也正是因为设计以员工或学员为中心的提问，才使得工作场景是符合员工成长和发展的。

1.2 使用 AIDA 模型开发培训内容

AIDA 模型是营销沟通过程的一种,也常常被用于培训教育领域。AIDA 强调从注意力、兴趣、意愿和行动因素入手,帮助培训师在诸多心理及个性因素上思考探索,进而开发对自身及学员发展有益的培训内容。如图 4-1 所示。

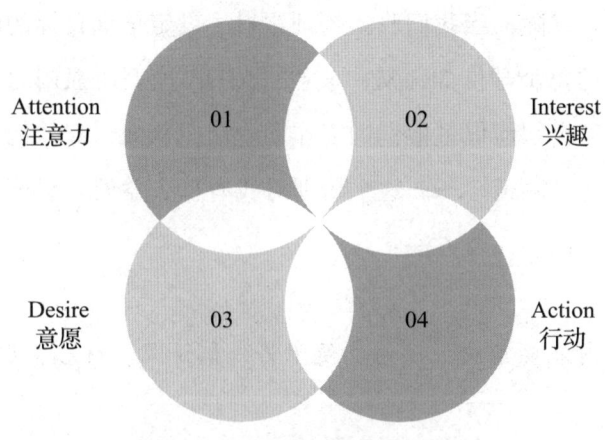

图 4-1 AIDA 模型的四个过程

注意力(Attention):理查德·维劳指出:"教师要上好课,关键是要抓住学员的注意力。"在课堂教学中运用 AIDA 模型,关键就是引起学员对教学的全方位、多角度注意,其中最常见的手段是问学员一个问题。当你向学员提出一个问题的时候,学员就算正在思考自己的事情也会把注意力转到提问者身上。

提问这一技巧的三个好处:

(1)及时打断了学员的走神,使他们的注意力回到课堂上;
(2)快速地调动学员参与的积极性;

（3）提问会让学员思考为什么要进行这次培训。当学员回答的时候，他们会逐步意识到自己面临的问题。

因此，引导式的提问不仅仅把他们的注意力吸引过来了，还让他们明白了培训的主题及其与自己的相关性。

兴趣（Interest）：兴趣是学员保持持续注意力，并能在后续过程中产生学习欲望的重要保障。当我们收集培训素材、设定培训目标的时候，我们要思考作为个体的每个学员如何从中收益。AIDA模型所强调的是培训师向学员阐明参加培训会如何促进他们的工作和生活，从而引起他们的兴趣，帮助学员找到自己的"频道"——这个培训对我有什么益处。想要激发学员的学习兴趣，通常有以下三个方法：

（1）授课内容要集中、简洁，便于将知识讲深、讲透，引起学员探索、钻研的兴趣；

（2）要善于挑选生动有价值的案例，寓趣味性于教学之中，以活跃课堂气氛；

（3）在讲授教材的基础上，增加知识的厚度和力度，以拓宽学员的知识面，激发求知欲。

意愿（Desire）：学员仅仅有兴趣是不够的，因此在激发意愿这个阶段，我们开始分享内容，分享工作方法，帮助学员实现最终的培训目标。让学员知道我可以如何解决问题，如何缔结一个合同，如何做更有效的决策，如何评估下属的绩效，如何进行更有创意的培训。这些问题都在意愿这个环节来解决。

行动（Action）：这是培训的总结阶段，可提问学员"学到了些什么？

培训后将怎样用在工作中?"最理想的状态是,学员反馈说培训能让他们以一种新的、更有效的方式来做事,他们愿意在工作中进行尝试。

2. 让场景与教学点相融合

从课程内容组织的层面来讲,我们需要解决一个核心的问题,那就是课堂中的教学内容跟学员的工作究竟有什么直接的关联。培训时,如何将场景和教学点融合是本节着重探讨的问题。

2.1 串联事件场景,形成课程体系

课程内容与工作场景结合是情境式课程设计成功的关键。情境教学中的教学场景一般是指知识的某个实际应用场景,而不单单是讲师讲解的这个知识点。教学知识点的内容一般分为知识类、态度类和技能类,将所学内容与学员的生活、工作关联起来并不容易,尤其是知识类的知识点较偏理论,与工作的关联难度较大,不像技能类知识有那么显性的关系。

在培训中,围绕工作任务、以工作场景为主的学习方式成为主流,学员在面对工作场景时所遇到的问题需要通过即时学习得到解决,即学即用。那么,什么方法可以让课程开发工作更加高效,课程体系更加完善呢?

SAM是一种新的课程开发模型,它融合了当代课程设计和开发流程,可以减少教学设计和开发的复杂性,转向侧重更积极和更高效的学习经验。SAM模型的开发有三个阶段,分别是准备、迭代设计和迭代开发,如表4-2所示。

表 4-2　　　　　　　　　SAM 模型课程开发三个阶段

序号	阶段	具体内容
1	准备阶段	聚焦课程目标的确定。了解学员的目标、期望值，将前期收集的信息与参与者进行讨论、获取反馈。根据认知启动阶段所得到的共识，不断优化，最终进入迭代设计阶段
2	迭代设计阶段	聚焦课程内容的确定。团队成员通过研讨交流的方式，对课程内容的逻辑性、专业性不断进行设计、评估、修改和完善，在一定程度上提升企业内部课程开发的效率
3	迭代开发阶段	聚焦课程内容的实现。团队成员通过研讨交流的方式，确定下来实现课程内容所需的软件、教学资源、时间和空间等。通过不断演练、评估、完善，最终在课程实施前，最大限度地接近组织、岗位和个人的需求

由此可见，SAM 理论的核心理念可以概括为两点：

（1）将评估放在了课程实施之前，实现了课程开发的持续改进，从流程上给予了很好的控制；

（2）团队开发，强调发挥团队的优势。SAM 团队由主办方、学员、内容专家、授课老师和项目组五类成员组成，成员之间是高度互补的，尤其引入主办方和学员，充分吸取他们的意见和建议，使得课程能够较好地满足组织、岗位和个人的需求。

这两点为有效解决目前课程存在的"缺乏一个多方参与、能发挥协同优势的团队"以及"流程设计上缺少课程实施前的评估环节"这两个问题提供了借鉴。

下面根据 SAM 模型，以企业总监身份转换为例，通过串联不同的场景，形成课程体系。如图 4-2 所示。

第 4 章 场景重构

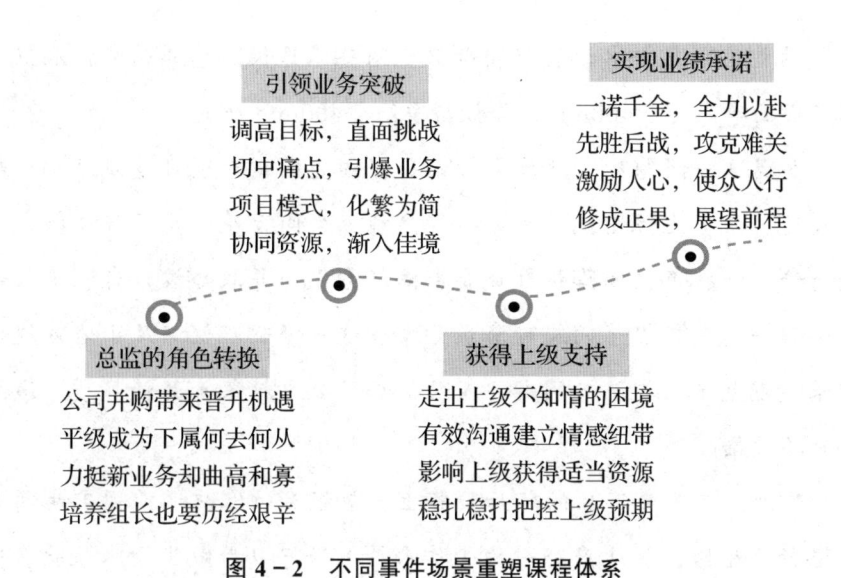

引领业务突破
调高目标，直面挑战
切中痛点，引爆业务
项目模式，化繁为简
协同资源，渐入佳境

实现业绩承诺
一诺千金，全力以赴
先胜后战，攻克难关
激励人心，使众人行
修成正果，展望前程

总监的角色转换
公司并购带来晋升机遇
平级成为下属何去何从
力挺新业务却曲高和寡
培养组长也要历经艰辛

获得上级支持
走出上级不知情的困境
有效沟通建立情感纽带
影响上级获得适当资源
稳扎稳打把控上级预期

图 4-2 不同事件场景重塑课程体系

总监在企业中的角色转换，涉及了四个场景，将课程内容、教学要点与这些工作场景结合，这是情景式课程设计成功的关键。同时，将这四个场景串联起来，可通过不同场景的不同事件形成一套完整的培训课程体系。

2.2 结合场景，输出教学要点

当业务问题能直接找到通用匹配的教学内容时，说明工作场景中暴露的问题是有共性的问题，可以借鉴一些"先进的经验"，成为有规律的"原理性的内容"。我们曾经主导了湖南某地产公司的项目，并根据相关场景输出了相关的教学要点。

湖南某地产公司设计主管负责某项目精装设计管理，在设计图纸的过程中，细心的她发现了一个大问题。依据地方规范要求，该项目土建结构为同层排水设置沉箱做卫生间整体降板，总部精装标准卫生间完成面净高为 2 400mm，降板与净高 2 400mm 冲突。

发现这一问题后，设计主管牵头仔细叠图核对项目建筑结构、精装天花、机电点位图纸，对该项目户型卫生间天花灯具及暖风机定位进行修改，将卫生间降板改成局部降板方案，并联合设计部、工程部等部门一起确定卫生间局部降板方案。这一修改不仅满足了地方规范需求，避免了后期施工问题，而且保证了公司精装产品的品质，赢得了市场效益。

此外，在项目产品的售后服务上，曾经有位客户之前因卫生间渗水进行了维修，该地产公司的工作人员维修好以后做了闭水试验。当天，由于客户急于装修，水电要施工，想找工人把卫生间水清理掉。然而，因为已经下班找不到工人，该客户只好找到了客户关系部维修中心工程师高工，想通过他找两名收费的工人。

高工看到客户非常急，又因为当时工人确实不好找，立刻决定忙完手上事情自己去修。他带上正在参加"优才计划"的轮岗学员蔡泽阳赶到客户家里，帮客户把卫生间的水一桶一桶倒掉，保证了客户的装修进度。

不仅如此，客户关系部总监还要求员工在交房前要主动与客户沟通，要时刻与客户保持良好的关系，做到售前售后全心为客户服务。

该房地产企业，从对工程、设计的细节把控，对品质的严要求，到售前售后的细心服务，都为该公司的员工树立了良好的榜样。从上述案例中，我们可以根据相关场景总结对应的教学要点。

（1）细节决定成败

该地产公司一直追求"匠心品质"，匠心体现在细节上，从户型设计到品质施工，从选材用料到工艺工法，每个环节都要做到零失误，每个细节都要追求极致，用超越市场标准的产品让客户感受到公司对品质的用心和对客户的服务。教学要点一如表4-3所示。

表4-3　　　　　　　　　　教学要点一

教学要点	内容
细节把控，品质保证	地产公司对设计的细节把控、对工程的细节专注，避免了后期施工问题，也保证了公司精装产品的品质和市场效益
细致学习，实际运用	勤学习，好学习，并且十分细致，将对品质的高标准和严要求运用到后续的技术施工中，是另一种优质的服务

（2）沟通增进感情

开发商和客户是紧密相连的，从最初的买房意向到最后的交房，甚至是交房后的一系列事情，该公司坚持无论何时都与客户保持良好的沟通，并坚信，沟通有利于增进两者之间的感情。教学要点二如表4-4所示。

表4-4　　　　　　　　　　教学要点二

要点	内容
交房前后，主动关怀	从交房前的贷款问题、材料问题、工程进度问题，到交房后的维修问题，甚至是客户的生日、重大节假日问候，都倡导主动沟通、主动关怀、贴心服务
遇到问题，积极沟通	从签约到交房，甚至更长的一段时期，难免会遇到问题，无论什么问题，该公司都及时沟通，以积极主动的态度为客户解决，做到不留问题

3. 学习目标与交付技术相联系

通过学习目标确定了培训内容,以及如何评估学员的掌握程度,接下来需要确定哪种技术最适合目标。将学习目标和合适的交付技术相匹配的最好的方法是对布鲁姆数字分类法进行重新运用。

3.1 对学习目标进行分类管理

教学设计是一种有目的的活动,它是达到终点的一种方式,这些终点通常被描述为教学目标。培训实践需要通过培训教学设计使学习目标成为可能。美国教育心理学家加涅把学习目标归为智慧技能、认知策略、语言信息、态度和动作技能这五种类型。具体如表4-5所示。

表4-5　　　　　　　　　　学习目标五种类型

学习目标	内容概述
智慧技能	按不同的类别,应用规则与原理,以及问题解决方式划分事物。智慧技能按其复杂性水平分为知觉性辨别、概念、规则与原理、问题解决四大类
认知策略	认知策略是一种控制过程,是学习者用以选择和调整其注意、学习、记忆与思维方式的内部过程
语言信息	语言信息是一种我们能够"陈述"的知识,它是"知道什么"或"陈述性知识",包括名称、事实和有组织的知识。学习者必须具有可利用的信息才能学习某些具体的应用
态度	态度源于信念,伴随一定的情绪反应,它直接影响沟通的行为选择,是一种影响个体对人、对物、对事的行为选择的内部状态
动作技能	完成动作所需要的一系列身体运动的知识和进行这些运动的能力

这些目标通过性能的学习而实现，性能的学习被认为是学习者的记忆存储发生了变化。加涅的学习目标理论依据，常被应用在企业培训和管理中，比如华为大学 C8 项目管理资源池培训项目。

C8 项目管理资源池项目与项目销售经理"将军池"项目、解决档案"重装旅"项目同属于华为公司三大战略预备队培训体系，是华为公司为加强业务前线，面向客户的"铁三角团队"专门开展的后备人才培训项目，C8 项目管理资源池项目以提升公司项目一线交付能力为主要目标。

针对项目管理资源池学习项目，华为总裁任正非明确要求："项目管理资源池主要推动八大员的循环进步，倾向于以执行为中心……我们要考虑如何培养善于快速判断事故根因的专家，培训不是关起门讲课，而是参加实战，将军是打出来的，一定要上战场。"

C8 项目管理资源池学习项目组对此开展了一系列工作。首先，学习项目组对任正非等高层的内部讲话进行了详细解读，从公司整体战略层面把握学习项目的总体定位。其次，他们通过访谈、头脑风暴、问卷调查等多种途径收集信息与数据，调研对象覆盖华为高层、学员上级、学员本人、学员下属等相关人员。再次，他们收集并整理了业界标杆企业的相关经验。

根据需求调研所获得的资料和进一步的整理分析，C8 学习项目组确定了学习总体目标：以项目管理实战场景赋能，模板化标准统一作战语言；建立八大员协同意识，了解交付项目最重要的协同点及协同办法。

与一般教育发展潜在性能与倾向的目标不同，企业学习目标更具体和可预期。华为正是围绕可预期的学习目标，开展了一系列有价值的工作，促使最终学习目标的确定。

3.2 确定合适的教学风格和方式

教学风格是培训师在长期教学实践中逐步形成的富有成效的一贯的教学观点、教学技巧和教学作风的独特结合和表现。在教学的过程中，我们可以运用不同的教学方式。在准备培训项目时，要考虑不同的可能性。针对每一个知识点，至少要有两三种不同的教学方式。

对于现在的教学方式，我们需要考虑的是，是否过于依赖某一种而忽略了其他方式，无差别的教学方式可能会影响培训效果。如果是这样，那我们应该为培训增加多样性、创新性、灵活性和影响力。

有了对问题的清晰界定，下一步就可以选择相应的学习形式了。个性鲜明的教学风格对培训具有十分重要的意义：它是提高教学效率的保障，培训师能熟练地运用特定的教学方式才有风格，培训师的熟练程度可以大大缩短学员掌握知识和技能的过程。

作为一家商业公司，华为的培训一直坚持从实践中来、到实践中去的理念。

华为的中国移动全业务小组在黑龙江和山东取得成功之后，组长张伟开始思考如何将成功的经验复制到其他省份和地区，毕竟不同地区不同项目的实际情况大有区别，只有把握其中共性与个性的关系，才能更好地将成功项目的经验复制和推广开来。

因此，张伟确定了两步走的基本思路。第一步是选定几个省份进行方案的试点推广，根据不同省份的情况制定策略，然后总结方案中的共性。就此他与客户的高层进行了深入的交流。第二步是建设解决方案能力库、案例分享平台和案例库，从更高和更广的层面去提升成功项目的可复制能力。

张伟选定了浙江和江西两地进行方案的试点推广与落地，及时总结共性，把握项目的个性。从高层战略到地市公司业务发展需求，从初具规模到全面领先的规划，终于形成了一整套方法论和解决方案。

之后，随着解决方案在各省份的顺利落地，华为海外各地代表处的项目也急切地期盼张伟能够将他的经验和方法广泛推广开来。

在培训的教学方式上，华为也坚持从实践中来、到实践中去，强调学以致用。任正非要求，案例教学内容要根据实际业务需要去"裁剪"，要坚持实战实用的案例式教学，为前方的生产服务。也就是说，案例教学不能过于高深，过于理论化，而应该贴近实际，让所有人都能理解和参与进来。另外，培训还要有针对性，要立足于自身的业务，满足业务需求。

4. 强化课程吸引力，规避注意力负载

我们的注意力受到很多因素的影响，对于感兴趣的东西，我们更容易集中注意力。因此，我们在设计培训课程时，要强化课程的吸引力，为学员创设能引发激情和兴趣的培训氛围、培训形式和具有高相关性的学习内容，从而吸引学员的兴趣，增强学员参与培训的意愿。

但同时，作为培训师要注意，如果大脑在短时间内接收过多的信息，导致工作记忆超负荷运转，反而会造成培训效率低下。因此，培训师在传播尽可能多的培训内容时也要规避注意力负载的问题，防止培训结果适得其反。

4.1 展示项目好处，吸引注意力

有医学专家说：成人可以轻松保持 30～40 分钟的持续注意力，可一旦专注时间超过一小时，大多数人都会感到疲劳。所以，在课程呈现时，每隔一小时，就要做一些轻松的互动或进行短暂休息，否则就会出现注意力涣散的情况，影响课程吸收率。

在整个学习过程中，注意力问题是最大的瓶颈，我们的注意力（包括范围和持续时间）是十分有限的，大脑接收的输入信息的数量始终远远超出了它的注意力范围。因此，培训课程必须能够吸引并保持学习者的注意力，否则学习过程就无法展开，项目将收效甚微。

针对这一情况，课程的第一步就是吸引学员的注意力，这是非常必要且关键的一步。所以，在培训开始之前，可以采用提问、列举令人印象深刻的信息、进行演示或分享视频等手段，大大吸引学员的关注。另外，教学游戏化可以使培训者通过游戏元素抓住学员的注意力，吸引学员积极参与学习。

除了在形式上尽可能多元化地吸引学员注意力以外，教学的关键任务是展示项目的各种好处，首先，所讲的内容应贴近学员的工作实际；其次，教学内容要丰富，最好引用其他标杆企业或大企业的案例来辅助培训，提高学员的兴奋度。

比如在不同阶段华为、阿里巴巴等知名企业都做了什么动作，对外宣称的是什么，而场面下的行动是什么，他们是如何响应对手的动作的？这样的案例既有很好的噱头，又有足够的复杂性，让学员的注意力始终集中在培训师身上，使学员的思路始终跟着培训师。

华为昆明代表处的员工曾反映：到了多专业领域拉通，显得力不从心，平常与客户交流沟通，聊专业的知识没有问题，但很多时候也要聊日常生活，这时就经常对接不上客户的兴趣爱好。

为此，昆明代表处开设了"滇峰大讲堂"，让员工把自己相关领域的知识和兴趣爱好与其他人分享。每个人可以针对自己的情况，选择要听的课程，同时把自己擅长的部分变成一门课程，这样一来，所有人既可以是老师也可以是学生。

"滇峰大讲堂"的课程五花八门，什么都有，既有专业的通信知识，也有日常生活的小知识，例如普洱茶品鉴、塑形健身、玉石鉴赏、人工智能、移动应用软件的开发等等。

通过门类丰富的课程，昆明代表处员工不仅提升了专业知识，也很好地提升了个人素养，丰富了业余生活。员工反馈良好，认为通过这样一个平台，在轻松愉快的氛围中，能够快速学习、快速进步，增强了与客户交流时的信心。

丰富有趣的课程，不仅成功吸引了学员的注意力，而且也有利于学员将在课程中学习的知识和塑造的良好心态应用于工作中，从而实现职业成长和自我提升。

4.2 合理配置课程的信息量

人类的记忆容量和信息处理能力都是有限的，大脑注意到特定信息之后，会将其转化为工作（短期）记忆。如果大脑在短时间内接收了过多内容，我们的工作记忆就会超负荷承载，大脑无法有效处理这些内容，这就是

"注意力负载"：短时间内接收过量信息使大脑失去处理能力。

换句话说，过多内容会导致学习效率下降（如图4-3所示）。这不仅会影响学员记忆必要知识和学习基础知识，而且会导致学员的学习流于表面。由于学员没有足够的时间处理学到的知识，所以无法掌握深层架构。

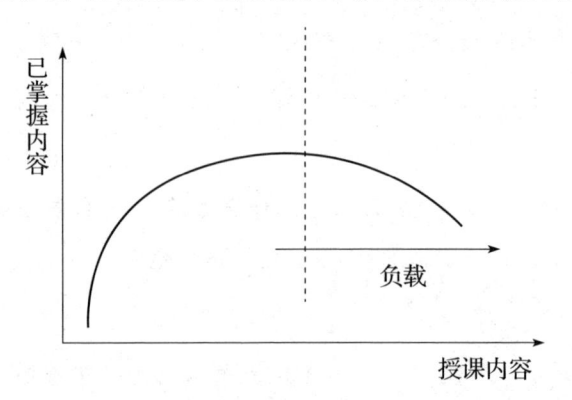

图4-3 授课内容负载导致学习效果下降

当授课内容达到一定的负载量时，学员掌握内容的效果就会开始下降。在企业培训中，最常见的错误就是课程的信息量过大，而学员没有足够的时间把知识点串联起来。过分强调内容也会占用学员参与和实践的时间，而后两者是学习过程中的关键要素。我们可以通过一则小故事，了解信息量过载造成的不良后果。

著名作家马克·吐温有一次在教堂听牧师演讲，最初他觉得牧师讲得很让人感动，就准备捐款，并掏出了自己所有的钱。过了十分钟，牧师还没有讲完，他就有些不耐烦了，于是他决定只捐一些零钱。又过了十分钟，牧师还没讲完，于是他决定一分钱也不捐。当牧师终于结束了长篇的演讲开始募捐时，马克·吐温由于气愤，不仅未捐钱，相反，他还从盘子里拿走了两元钱。

这个故事告诉我们，内容过多或时间过长，都会引起听众的不耐烦或逆反心理。因此，在企业培训中，为避免内容信息过度、造成反作用的情况出现，培训讲师在培训过程中应注意以下几点：

（1）合理设置培训课程信息量，防止学习项目出现注意力负载；

（2）避免过分依赖音频、图像等形式，摒弃一切影响学员理解的内容；

（3）避免幻灯片中出现大量文字，文字内容会在演讲中争夺学员大脑的语言处理能力。

为实现最佳的培训效果，培训师应合理地配置培训课程，把控好课程内容和时长，帮助学员进行高效学习。

5. 像学员一样思考，检查项目设计

在培训中，想要把学员培养得更优秀，对培训讲师来说，学会站在学员的角度思考问题是非常重要的。在课程设计时，注意到课程与目标学员的适应性，使其能够很好地被学员所接纳，这样的培训效果才会更佳。

5.1 站在学员的角度思考学习流程

为确保学员在整个学习过程中的经历是完整的、一致的，培训人员做到"身体力行、感同身受"非常重要。该观念最初来源于夏皮罗、加兰和史维奥克拉三人合写的一篇文章，该文章发表于《哈佛商业评论》。他们认为：真正明白客户体验（及如何改善）的唯一方法就是让自己融入其中，感同身受。

换句话说，就是在学习和发展项目中，培训专业人员要时刻把自己想象成学员，共同参与到培训学习的四个阶段中，如图4-4所示。

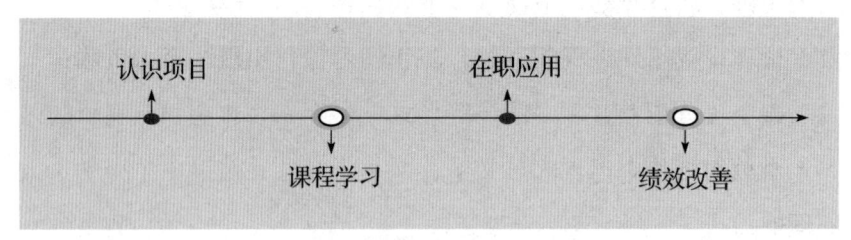

图4-4 培训学习的四个阶段

从认识项目、课程学习、日后的在职应用到绩效改善，在每个阶段都要问一下：如果"我"是学员会怎么样。因此，作为培训专业人员要亲自跟进整个学习项目的过程，全程关注学习过程中的步骤、失败的频率、所处的困境、出错的地方、解决方法等，必须站在学员的角度去思考，真正帮他们解决问题，培训才能赢得他们的认可。

这给培训师提出了更高的要求，要掌握更多的方法、技巧，要储备更多的知识。从开场到主题内容讲解、互动再到结尾，都要精心设计，学员只有在课上有良好的体验才能将培训师所传授的内容最大量地装进自己脑海里。一般来说成人学员经过多年的学习和训练，已经掌握了基本的逻辑规律。

入职仅仅三个月，王阳便要给华为某省公司的干部讲"华为管理实践"这门课。这让她颇有压力，担心自己不能讲好这门课，尤其在看到学员名单之后，她更加慌了，那些学员不仅比她大了近二十岁，而且职位也非常高。

在课程设计上，她思考了许多方面的问题。首先，她想到的就是如何跟高层级、高年龄的学员互动，因为只有形成良好的互动，培训的效果才有保证。否则，培训就干巴巴的，学员显然听不进去。其次，课程的内容如何取舍，这需要精准把握，既不能过于脱离实际，也不能只讲一些基础的内容。一连几天，王阳都在巨大的压力下对课程进行设计。

准备上课那天早上，她的主管给她发来消息，鼓励她说："我相信自己的眼光才让你讲，按试讲的状态正常发挥就可以。"主管的一番话让王阳卸下了心里的包袱，在课堂上引经据典，发挥自如，还不时引得全场哄笑。许多学员都相当认可她的授课。

在开展课程培训之前，站在学员的角度考虑课程服务的对象特点以及企业开展培训的目的，这样开发出来的课程才更有针对性，才能不断地满足业务部门的需要。

5.2 利用记忆辅助工具审核内容设计

AGES 模型是由美国神经领导力研究所的达瓦契及其同事提出的一种实用记忆辅助模型。AGES 代表了记忆中的四个变量——注意力（A）、生成（G）、情绪（E）、间隔（S）。这四个变量之所以能影响学习，是因为它们影响着大脑的海马体，而海马体在人体的记忆功能中扮演着核心角色。如表 4-6 所示。

表 4-6　　　　　　　AGES 模型记忆中的四个变量

变量	具体内容
注意力（A）	只有集中注意力才能学习； 一心多用会影响学习效果； 注意力是有限的，人们无法长时间保持专注，所以要经常调整

续前表

变量	具体内容
生成（G）	学习是联系新信息与已有知识的过程； 每位学习者都需要将知识内化； 精细复述有助于强化记忆； 学习者自己建立的联系比讲师提供的联系更牢固、更有用
情绪（E）	情绪对学习有着强大的直接影响和间接影响； 轻微的压力可以促进学习，压力过大则会影响学习； 积极的情绪（如快乐、幽默、满足）可以推动学习； 消极的情绪，尤其是恐惧和压力，会抑制创造性思维和精细处理，影响学习效果
间隔（S）	定期回顾已经学过的内容，可以巩固学习效果； 经常检索大脑中的记忆（尝试回答学习中遇到的问题）比反复阅读学习内容更有用； 间隔学习法尤其适合巩固长期记忆

从表4-6中，我们可以看出注意力（AGES中的A）的关键作用。生成（AGES中的G）是指学习者自己建立新信息和已有知识体系之间的联系，如要求学员建立、归纳或增加他们的个人经验。深入学习不仅要求学习者提供有意识的关注，还需要学习者建立相应的框架，以便把信息整合为长期记忆。

情绪（AGES中的E）是为了让学习的专业人士意识到情绪（积极或消极）对学习的重要影响（直接或间接）。适度的压力可以带来更好的学习效果，这一点与企业学习的联系在于，我们需要让员工意识到学习内容或行为与他们的成功或个人安全息息相关，让他们感受到一定的压力，同时还要注意"度"。

AGES中的S代表间隔学习法：每隔一段时间复习一次。这种学习法可以避免注意力负载,推动精细编码。微学习(micro-learning,即短期、独立的课程)的原理之一,就是充分利用间隔学习法的优势。

6. 搭建课程框架,优化课程内容

课程框架设计,是指将零散的知识素材按照一定的逻辑顺序规划好后会出现大量的知识点和内容缺失,这时应根据课程主题设计对应的课程内容,查阅大量资料并从有丰富经验者那里萃取宝贵的经验,以优化完善课程内容。

6.1 多角度梳理课程逻辑框架

课程框架是一门课程的整体支架,课程无"框架"而不立,没有搭建起完整的整体逻辑性框架结构,再好的素材也无法被采用设计开发出好的课程,培训的有效性也无从谈起。

然而,从各个方面搭建不同框架有着不同的作用,将课程的背景、内容、目的和逻辑框架都整理在一起,就可以梳理出完整的课程大纲。

课程框架搭建的一个重要环节就是设计内容和内容之间的逻辑顺序。设计课程框架一般会遵循三个步骤:设定主题、细分章节、明确重点。如表4-7所示。

表4-7　　　　　　　　设计课程框架的三个步骤

设计步骤	具体内容
设定主题	主题是该课程的中心论点,设定时要做到高度概括、聚焦浓缩,更要一目了然、吸引眼球,增加学员的兴趣,激发其学习意愿

续前表

设计步骤	具体内容
细分章节	设定主题后,便开始围绕课程主题细分章节,构建金字塔框架,从而真正达到突出主题、层次分明、"有血有肉"的效果
明确重点	在前两个步骤完成后,需要根据具体的教学时间,明确教学的重点和次重点内容模块,分清主次,引导学员高效学习。尤其在教学时间较短的情况下,区分课程的重点显得尤为重要

根据以上三个步骤,我们可以从多元化的角度梳理课程逻辑框架,常见的逻辑框架一般有并列架构、空间架构和心智架构,如图4-5所示。

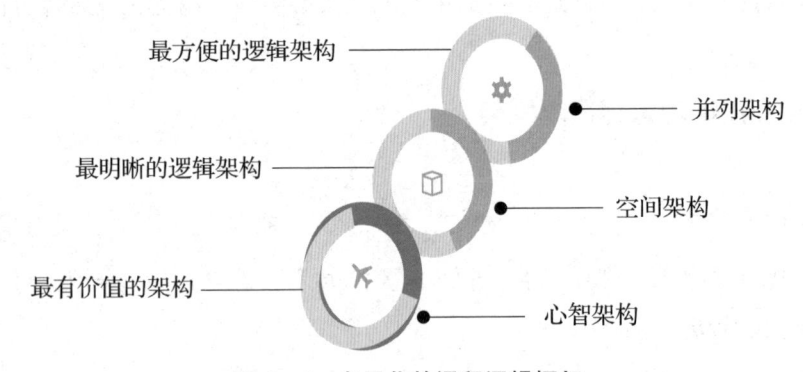

图4-5 多元化的课程逻辑框架

并列架构:把没有前后、上下关系的内容并列在一起,这样就形成了课程的整体架构,方便实用。

空间架构:把同一类别的放在一起,然后并列排序。

心智架构:一种用很强的心理逻辑构建出来的关系,让人无法跳出它的圈子,很完美、无懈可击,拥有极强的说服力。

从不同方面搭建的不同框架有着不一样的作用,以我们给澳优乳业美纳多公司办事处经理开发的"五步提升终端业绩"培训课程为例,将课程介绍、课程收益、课程目录整理到一起，在一定程度上就可以梳理出完整的课程大纲，如表 4-8 所示。

表 4-8　　美纳多公司办事处经理赋能培训课程大纲梳理

课题：五步提升终端业绩	
课程介绍 本课程在梳理 2019 年美纳多公司终端业绩提升关键举措的基础上，深入分析美纳多近年的业绩管理实践，融合老师多年的管理经验，从洞察市场、聚焦机会、赋能渠道、单店提升、高效行动五步层层推进，助力终端业绩提升。	**课程收益** ①掌握市场情报获取方法和关键市场数据分析的方法； ②掌握经销商、门店销量的盘点与分析方法，全方位评估经营现状； ③找准生意增长点，聚焦机会，助力终端业绩破局； ④掌握精准推进策略与高效行动举措，多维度达成业绩提升。
课程目录	
第一步　洞察市场：了解目标市场 1. 市场情报获取（7C 模型） 2. 市场容量分析 3. 市场竞品分析 第二步　聚焦机会：发现生意增长点 1. 销售现状盘点 2. 市场地图绘制 3. 重点市场作战机会牵引 4. 集中资源操控重点市场 第三步　赋能渠道：经销商生意规划 1. 客户利益链梳理 2. 经销商合作意愿与经营能力评估 3. 帮助经销商拓新 4. 洞察门店布局 5. 经销商赋能及利润改善	第四步　单店提升：做实优质门店 1. 理解销售政策 2. 强化终端销售深度 3. 门店数据分析与经营导向 4. 重点门店与非重点门店区分 5. 聚焦门店提升要素，做实提升策略 第五步　高效行动：组织执行保障 1. 强化一线团队人均产出 2. 以终为始，做好目标分解 3. 基于目标达成的解决方案 4. 职能部门协同、快速反应 5. 资源倾斜，完善费用投入预案 6. 任务执行过程督导和进度管控 7. 建立反馈汇报和问题沟通机制 8. 发挥领导力，激发团队潜能

6.2　与专家展开合作，优化内容

随着教学设计的过程变得越来越专业，培训领域变得越来越复杂，一种更加缜密和开明的整合内容专家的方式已经发展起来。现在，我们已经超越了主观直觉，拥有了内容分类、内容评估和内容评价专家的基础。

尽管内容专家在各领域有不同的职责，但内容专家在不同培训领域都发挥着重要作用，对把握课程具有前瞻性和专业性。有五种类型的内容专家：技术型、混合型、教学型、功能型和稽查型，如图4-6所示。

图4-6 五种不同类型的内容专家

每种类型内容专家都有其自身的具体特点和作用，并以独特的方式辅助培训工作。具体内容如表4-9所示。

表4-9　　　五种不同类型的内容专家的不同特点和作用

类型	特点	作用
技术型	侧重于技术含量	提供内容知识和确保与内容有关的每个细节都是正确的
混合型	既是内容也是实施专家	不仅在课程或方案的内容方面提供支持，还能以最好的方式来实施
教学型	关于如何实施内容的最佳方式的输入是有价值的	在实施中增强培训的教学环节
功能型	非内容或实施专家	对项目具有至关重要的作用，充分发挥设计团队的优势
稽查型	管理监督，没有直接的贡献	对计划和课程做出判断，并期望他们的知识影响内容决定，在项目中发挥审查作用

第 4 章 场景重构

在搭建课程框架、设计课程内容的时候，内容专家把握课程的前瞻性和专业性。确定培训和教学经历与内容和最终的实施选择相关，是非常重要的。通过上述表格，可根据不同的培训需求，选择与之相匹配的内容专家参与合作，共同优化内容。我们以华为现场培训为例。

2017年2月，华为管理顾问黄卫伟教授来到心声讲堂，与华为的员工进行交流，讨论了华为公司在业务管理哲学等方面的话题。

有华为员工提问：当前公司已经明确提出已进入无人区，有观点认为所有的公司在进入无人区之后，需要从业务驱动变成技术驱动，才能在无人区继续引领航向，那么华为是不是也会从"以客户为中心"变成"以技术为中心"？无人区的投入是否应该划定边界，只在边界内进行探索？

黄卫伟教授回答说，技术导向与客户需求导向并非完全对立的关系，而是一个对立统一的关系，技术导向是为了更好地实现客户需求导向，技术导向在一定阶段会转向客户需求导向。因为企业作为功利组织，必须要有利润才能生存下去。无论哪个企业，进行无人区探索的最终目的也还是满足客户的需求。

因此，华为作为一个企业，强调双轮驱动。既有面向客户的需求导向，也有无人区的技术导向，这两种导向如两个车轮，驱动华为不断前进。

而且，如奈特在《风险不确定性与利润》中指出的，确定性的未来，华为能看到，竞争对手自然也能看到，那么利润就不会太高；只有那些不确定性的业务，利润空间才会比较大。因此，华为也好，其他企业也好，进入无人区探索的意义便在于此。

另外，对于无人区投入的边界问题更多的是看探索的方向是不是在主航道内，未来能否支撑业务发展，能否赚得足够的利润。当然，这些都是可以具体讨论的，不能一概而论。

其实在许多企业中，不仅企业的员工，也包括高层管理者，在企业发展到一定阶段时都有所困惑和迷茫，既看不清企业未来的发展方向，也不清楚自身的优势在哪里。

正因为如此，咨询公司应运而生。专业的咨询公司通过架构系统的逻辑框架，使用各种类型的解决和分析问题的方法、工具，并聘请那些在企业里有着丰富经验的专家，全方位地对企业当前的内外部形式进行分析，并从中立、客观的视角给出专业的意见和建议，为组织成员答疑解惑。

第5章
体验设计

场景是最真实的、以人为中心的体验细节，场景化培训也正体现了"以学员为中心"的教学理念。灵活掌握和运用各种培训方式是培训师的核心技能，从教学形式角度看，案例教学、沙盘演练、无领导小组讨论、情景教学等都是有效的体验设计。通过这些培训方式，培训师可以激发学员的学习热情。

1. 案例教学法

案例教学法是在学员掌握了有关基本知识和分析技术的基础上,在培训师的精心策划和指导下,根据教学目的和教学内容的要求,选择具有代表意义的典型案例进行开发和设计,对案例中的管理行为进行具体分析、解剖,进一步提高识别、分析和解决某一具体问题的能力,同时培养正确的管理理念、工作作风、沟通能力和协作精神的教学方式。

1.1 认识案例教学法及其流程

案例教学的起源,是哈佛商学院在19世纪开始推行的一项教改项目——邀请企业高级经理进课堂,向学生讲述他们的经历、经验和遇到的问题,并要求学生写出分析和解决问题的建议。不难看出,案例教学法并不是讲师在课堂教学中为说明一定的理论或概念进行的举例分析,而是一种开放式、互动式的教学方式。只有更好地了解案例教学法的特点,识别其优缺点,才能更合理地运用它。详见表5-1。

明晰案例教学法的优点和缺点,可根据场景特点和培训需求,确定案例教学法的可行性。通常来说,在培训中案例教学法的实施流程是准备案例、讲解讨论案例和总结案例,如图5-1所示。

表 5-1　　　　　　　　　　案例教学法的优缺点

优缺点		具体内容
优点	参与性强	学员参与性强，变学员被动接受为主动参与，且易使学员养成向他人学习的习惯
	实用性强	将学员解决问题能力的提高融入知识传授中，有利于使学员参与企业实际问题的解决
	方式灵活	教学方式生动具体，直观易学
缺点	准备时间长	编制一个好的案例，至少需要两三个月的时间
	参与要求高	对培训师和学员的要求都比较高
	案例来源弱	案例的来源缺乏典型性和真实性，往往不能满足培训的需要

1　准备案例　→　2　讲解讨论案例　→　3　总结案例

图 5-1　案例教学法的实施流程

（1）准备案例。在准备案例的时候，培训师要将某个案例场景化，以增加真实性。同时，也要对人物进行加工，将不同人物的经历集中呈现在一个人身上，从而增加人物的典型性，使得选择的案例既有典型性又贴近生活实际。因此我们需要经常深入一线收集素材，不断更新案例。

在案例教学中，学员是主体，培训师应在课前将准备好的案例告知学员，让学员了解案例内容，并要求学员查找一些必要的资料，做好发言准备。

（2）讲解讨论案例。讲解讨论案例是案例教学过程的中心环节，培训师应设法调动学员的主动性，引导学员紧紧围绕案例展开讨论，讨论方式可以是集体讨论或者分组讨论。

（3）总结案例。在学员对案例进行分析、讨论、得出结论之后，培训师要进行归纳总结，做出恰如其分的评价；针对案例中的主要问题作出强调，使学员加深对知识点的把握；对学员讨论中不够深入、不够确切的地方，进行重点讲解。同时培训师还要特别指出，通过案例分析讨论，学员应吸取什么样的经验教训。

1.2 案例教学的要求和应用

案例教学法有一个基本的假设前提，即学员能够通过对这些过程的研究与发现来进行学习，在必要的时候回忆出并应用这些知识和技能。案例教学法非常适用于开发分析、综合及评估能力等高级智力技能的开发和培养。实践中，采用案例教学时，对案例的选择、准备的时间、现场的实施都有较高的要求。

（1）在培训教学前几天要准备好案例，方便学员提前熟悉；

（2）向培训对象提供的案例应该是具有真实性的，不能随意捏造；

（3）注意所选案例要紧扣培训内容，培训对象要组成小组来完成对案例的分析，以使学员加深对所学理论知识的理解和提高运用理论知识解决实际问题的能力，因此，所选案例必须是针对课程内容的；

（4）讨论结束后，根据讨论结果，由培训师对培训对象进行引导分析，最后达成共识。

虽然案例教学在实际操作中有一定的要求和难度，但是案例教学法还是被广泛地应用于企业培训或企业经营中。例如华为中研部就采用开放式讲座、研讨会、座谈会等方式进行案例式教学。

任正非对中研部的案例教学专门做出过讲话，他说："案例教学不要怕'刺刀见红'，这个案例说这样不行，那个案例说那样不行，案例是从实践中产生的，而实践则是最好的老师。我们自身的经历都是案例教学的好素材，这些案例将来还会被好的大学拿去作教材。"

在任正非看来，哈佛大学的 MBA 之所以出名，就是因为他们的案例教学办得很好。在哈佛，所有人都可以对案例进行深入的讨论，很难形成定论，但通过讨论案例相互启发了思维。这就是案例教学的意义。

如今，华为案例教学的任务一般由华为大学来承担。华为部门内部会有一些小型的案例分析会，针对本部门具体的职责进行案例教学。为了更好地发挥案例教学的作用，华为大学教育学院还专门设立了研究与发展部，将各种典型案例开发成培训课程。

早在 2010 年，华为著名的"马电事件"让所有华为人为之警醒。事后，华为大学教育学院研究与发展部将"马电事件"进行了改编，拍摄成一部微电影《为者·夜山》，这可以说是华为内部的一大创举。因为一般来说，案例教学多以文字资料或者文图结合的方式呈现，用电影的方式呈现案例，并进行案例教学，这可谓一次积极有益的尝试。

当然，案例教学需要事先精心的准备和设计，也需要所有人有积极参与的意识。只有这样，案例教学才能发挥应有的效果。对任何企业而言，案例教学内容要根据实际业务需要去"裁剪"，要坚持实战实用的案例式教学，要为业务生产服务。换句话，案例教学切忌过于高深、过于理论化，而应该贴近实际，让所有人都能理解和参与进来。

2. 角色扮演法

角色扮演法，属于行为导向型教学方法，它以能力培养为目标，以互动与创新教学、全真模拟为特征，由培训师在培训课程中设计一项任务，引导学员参与教学活动，让学员扮演各种角色，进入角色情景，去处理多种问题和矛盾，从而达到加深对专业理论知识的理解并能灵活运用解决实际问题的目的。

2.1 角色扮演法的流程与功能

角色扮演法既是要求被试者扮演一个特定的管理角色来观察被试者的多种表现，了解其心理素质和潜在能力的一种测评方法，又是通过情景模拟，要求被试者扮演指定行为角色，并对行为表现进行评定和反馈，以此来帮助其发展和提高行为技能最有效的一种培训方法。角色扮演理论是以米德的角色理论和班杜拉的社会学习理论为基础发展起来的，在实施之前流程是否准确，将直接影响到实施效果。一般来说，角色扮演法有六步实施流程。如表5-2所示。

表5-2　　　　　　　　　　角色扮演法实施的六步法

流程设置	具体内容
主题选取	主题的选取是整个角色扮演能否成功的关键
评分标准	表面上，评分标准是学员的激励措施，在实质上它却对整个角色扮演实施具有一定的指导性作用
场景设定	角色扮演法在教学中运用时需要为学员界定一个具有代表性的场景
分配方式	培训师分配、学员自主决定、抽签决定三种分配方式
时间规定	根据选择主题的复杂性、难易程度决定学员准备的时间
讨论总结	根据不同场景、角色进行差异化讨论，提高学员的分析和判断能力

六步法的实施，在一定程度上保证了培训学员通过角色扮演在互动、轻

松的学习氛围中，达到培训的目的。角色扮演法主要有两大功能：测评功能和培训功能。如图 5-2 所示。

测评功能。角色扮演法可以在情景模拟中，对受试者的行为进行全面的评价，从而测评受试者的心理素质以及各种潜在能力。具体来说，角色扮演法既可以测出受试者的性格、气质、兴趣爱好等心理素质，也可测出受试者的社会判断力、决策能力、领导能力等各种潜在能力。

图 5-2　角色扮演法的两大功能

培训功能。在日常工作中，每个人都有其特定的工作角色，但是从培养管理者的角度来看，需要员工的角色多样化，而又不可能满足角色实践的要求。因此，在培训条件下，进行角色实践同样可以达到较好的效果。除此之外，角色扮演法在培训教学中还有诸多优势，如表 5-3 所示。

表 5-3　　　　　　　　　　角色扮演法的优势

优势	具体内容
参与性强	学员与教员之间的互动交流充分，可以提高学员培训的积极性
培训效果佳	特定的模拟环境和主题有利于增强培训的效果
实用性强	通过扮演和观察其他学员的扮演行为，可以学习各种交流技能
自我认知强	通过模拟后的指导，学员可以及时认识自身存在的问题并进行改正

2.2　角色扮演法的要求和应用

在培训情景下，通过角色扮演给予受训者角色实践的机会，使受训者在真实的模拟情景中，体验某种行为的具体实践，帮助他们了解自己，改进并提高自己。角色扮演法可适用于领导行为培训（如管理行为、职位培训、工作绩效培训等）和会议成效培训（如何开会，涉及会议讨论、会议主持等）。此外，它还应用于培训某些可操作的能力素质，如推销员业务培训、谈判技巧培训等。

2015年，华为运营商BG举办的"大IT大咖秀"吹响决战的号角，从518名参赛者中脱颖而出的10位选手将扮演不同的角色，并需要在规定的时间内完成相应的任务。

解决方案重装旅的周涛的目标是拿到客户CEO名片。"我们认识吗？"扮演客户CEO的张森给他来了一个下马威。周涛马上递上自己的名片，并以分享云转型高端论坛上某运营商CEO的见解为由，希望拿到客户名片。他着力强调这些见解对于客户的价值和意义。不到90秒，他成功地完成了任务。

西非地区部张涛遇到了比较棘手的问题，他要在两分钟内完成和客户的数字化业务转型交流。他单刀直入，直接进入主题，指出语音和短信业务明显下滑，并列举出华为帮助运营商数字化转型的成功案例，希望继续拜访客户进行深入交流。其翔实具体的分析也让客户动了心。

中国地区部王正一出场就和客户寒暄起来，寥寥几句话，就把客户逗笑了，原本生硬的谈话氛围瞬间活跃起来；紧接着再切入主题，邀请客户汇报互联网化运营转型方案。很快他也完成任务。

尽管拿到的是不同的题目，但10位选手各显神通，在规定的时间里将自己对于大IT的理解以及最佳的沟通能力展现了出来。

当然，角色扮演是一种难度很高的培训和测评方式，在实施中有严格的要求。它不仅要求对情景模拟进行精心的设计,还需要参与的人具备很高的适应能力,全情投入其中。在角色扮演结束之后,还需要对参与者的角色扮演各方面的行为进行有效的评价。一般需要评价的方面包括以下几种,如表5-4所示。

表5-4　　　　　　　　　　角色扮演的行为评价表

评价维度	具体内容
把握角色位置	不同的角色要求不同,尤其是管理者与员工,考虑的视角肯定不一样。通过角色扮演可以使学员更好地把握角色所处的位置
体现角色的行为	角色扮演能够使学员体验并适应角色应该采取的行为,应该具备的能力,包括行为风格、价值观、口头表达能力、思考能力、应变能力等
言语及谈吐	角色扮演能够使学员快速地适应不同的角色需要具备的衣着、仪表、言谈
其他内容	角色需要具备的其他能力,如化解矛盾的技巧、情绪控制力、人际关系力等

3. 沙盘演练法

沙盘演练是一种具有极强实战色彩的管理培训课程,最早源自西方军事上的战争沙盘模拟推演,近年来在国内兴起,是一种新兴的体验式互动学习方式。它通过沙盘模拟,把涉及企业结构与管理以及培训的诸多内容完全展示在沙盘的盘面上,以此完成演练与学习,达到共同提高的学习目的。

3.1　沙盘演练法的实战性与流程

沙盘演练也是一种面对面的授课方式,不过与传统的讲授式教学的不同点在于，沙盘演练更加开放。它并非是通过讲师传授知识、学生听讲的形式完成的，而是通过互动式的演练，找到问题的症结点，找出解决的办法。显然，沙盘演练并不存在标准的答案，不同的学员可以根据自己的特点给出不同的应对方式。

沙盘模拟与角色扮演不同的地方在于，角色扮演更加侧重于员工个体行为，更加注重细节；而沙盘模拟更多地侧重于宏观层面，对整个项目、经营计划、战略方向等进行模拟演练。所以，沙盘演练还不失趣味性和对抗性。

沙盘演练，由学员分组建立模拟公司，围绕形象直观的沙盘教具，通过模拟企业生产的现场环境，依靠亲身体验完成培训和学习，将理论知识和现场管理相结合，大大提高学员的实战能力，使学员在经历模拟演练的过程中提高战略管理能力，对企业经营有更深入的认识。在实操时，沙盘演练一般有以下6个操作步骤，如图5-3所示。

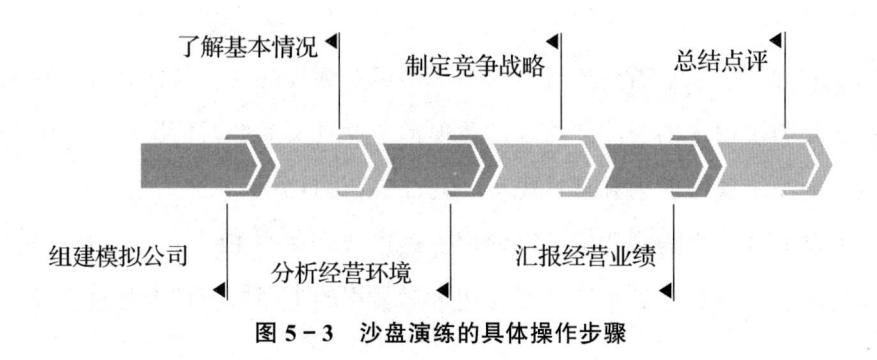

图 5-3　沙盘演练的具体操作步骤

（1）组建模拟公司。首先，学员们以小组为单位建立模拟公司，组建管理团队。然后根据每人的特点进行职位分工，明确企业组织内每个角色的岗位责任。

（2）了解基本情况。对模拟企业所处的宏观经济环境和所在行业特性进行调查了解，根据企业战略，作出经营决策，制订各种经营计划。

（3）分析经营环境。任何企业战略，都是针对一定的经营环境条件制定的，因此只有仔细分析经营环境，才能使企业在环境中发挥优势，科学地发展。

（4）制定竞争战略。学员根据企业市场环境，对未来市场预测，进行市场调研，在争取利益最大化的基础上，制定、调整企业战略。

（5）汇报经营业绩。各公司在盘点经营业绩之后，围绕经营结果召开期末总结会议，由负责人进行工作述职，认真反思各个经营环节的管理工作和策略安排，以及团队协作和计划执行的情况。

（6）总结点评。根据各个企业期末经营状况，培训师将各企业经营中的问题一一提出来，并提出指导性的改进意见。

3.2 沙盘演练法在实际工作中的应用

企业的管理水平需要通过培训和工作实践逐步提高。任何处理事情的能力都不是与生俱来的，因此通过沙盘模拟企业真实的经营情况，能有效提升管理者的系统思维能力和理性思考、理性决策的意识。

沙盘演练，作为常用的一种学习方式，比较适合 ERP 培训、财务管理、风险管理、经营管理分析等，经常用来对公司的中高层管理人员进行培训。

某新能源企业开展了一场关于如何经营企业的沙盘模拟培训会。与以往的培训不同，这次培训采用了沙盘模拟的培训方法，参加培训的各部门的高管打乱身份组成"临时公司"，并且分别扮演公司中的重要职位，对这家虚拟的公司进行管理。

模拟结束后，公司总经理以及培训讲师对他们模拟中遇到的问题逐一进行了点评、分析并提出解决方案。面对这种新型的培训模式，公司管理者的参与热情都很高。沙盘模拟涉及新产品市场调研、市场开发、渠道建设、ISO认证、新市场中销售潜能的开发等多个环节，每个独立的决策看似容易做出，然而当它们综合在一起时，会产生许多不同的选择方案。在这样的环境下，经过为期两天的培训，参与者增强了经营管理实战的知识，形成了共同的价值观。这次模拟培训对实际工作具有一定的指导作用，同时也让大家发现很多公司迅速发展过程中潜在的问题。

沙盘模拟演练充分运用听、说、学、做、改等一系列学习手段，发挥了其特有的互动性、趣味性、竞争性强的特点，最大限度地调动了学员的学习兴趣，他们很快将学到的管理思路和方法在实际工作中予以实践与运用。

沙盘演练必须始终坚持以员工需求为基础、以能力开发为目的的指导思想，充分开发学员的潜能，突出"做中学、学中悟、悟后用"的培训理念。在实践中，要注重层次式的培训模式与菜单式的培训模式相结合，及时发现沙盘模拟训练中出现的问题并予以解决；加强与学员的沟通和交流，真正做到交流、互动、体验和提升，以实现教学相长。

另外，对抗演练也是沙盘演练的一种。在军事演习中，部队一般分为"红军"和"蓝军"。所谓"蓝军"就是对抗演习中专门扮演假想敌的部队。华为的"红蓝军"对抗演练在许多场合，无论是公司战略规划，还是一线团队的具体项目，都可以适时应用。

2012年，华为的核心路由器赢得了无锡核心节点搬迁项目。为了更好地服务客户，针对客户关心的问题，项目负责人赵杰辉、刘志强带领团队与客户进行了十几次技术交流。核心节点搬迁项目组还在北京搭建模拟搬迁环境，带客户参观模拟环境，并且请 IP 顶级专家熊怡——解答关于 IP 路由的复杂问题，打消客户疑虑。

割接总指挥赵杰辉很快制定出项目方案，召集产品线实战经验最丰富的服务、产品、平台保障队伍，分层设计了不同保障小组：总指挥、硬件割接实施组、业务割接实施组、定位组、后方保障组等等。为了保障方案的完备性，项目组引入"红蓝军"演练的方式进行割接演习，从而保障整个方案更完善。事实证明，充分的准备为割接工作打下了坚实基础。

9 月，割接工作正式开始，所有经过实验室精确验证过的业务下线、设备拆除、光纤跳线、业务恢复等活动紧凑进行。最后，在整个团队的努力下，割接顺利完成。无锡核心节点搬迁项目组以及所有参与的开发人员也因此获得了总裁嘉奖。

作为全球领先的通信科技公司，华为积极利用沙盘演练。在任正非看来，"红蓝军"对抗演练有着多种意义。通过不断的对抗，一方面能看到自己的缺点，找到视野盲区，识别潜在的风险；另一方面，对抗演练也是另一种形式的竞争，只有竞争，才能使人不断取得进步。

在华为大学内部，通常由研究与发展部选出合适的典型案例，将案例制作成沙盘演练的课程，包括项目经营沙盘、市场经营沙盘等等。在课堂上，由讲师引导学员对案例进行模拟，提高对管理情境的认知度。

任正非也提出华为内部要积极利用沙盘演练，他说："GTS 可以自己建立教导队，干部进入你们 S2/S3 推行的资源池，进行沙盘演练赋能。考试就按你所在国的项目进行沙盘的推演，无论是计划，还是预算、核算，都按真实的场景来实行，这样对回去作战有帮助，再根据你的实战后的结果来考核，这样员工成长得快。"

目前，沙盘演练培训已风靡全球，成为世界500强企业管理者提升经营管理能力的首选课程。许多国内外的知名商学院和管理咨询机构也开发了企业沙盘模拟培训。一般来说，企业自身开发的沙盘模拟通常根据自身的实际管理情况进行改编，这样会比较符合自身的实际情况，但有时候也存在一定的特殊性，并不具有普遍的可操作性。而商学院和管理咨询机构虽然并不进行企业的管理和经营，但会通过大量的咨询项目，找出共性，并加以总结归纳，开发成企业沙盘模拟培训。对于企业大学而言，从外部引进企业沙盘模拟培训课程，无疑是极为有益的补充。

4．游戏活动法

游戏活动法是在培训过程中引入游戏和竞争活动等，将"游戏"和"培训"结合起来，让学员在实际操作中去感受和体会的一种教学方法。它综合了案例研究和角色扮演的形式，要求参与者模仿一个真实的动态的情景。参与者必须遵守游戏规则，彼此合作或竞争，以达到游戏所设定的目标，从而实现培训目的。

4.1 游戏活动法的特点与流程

美国心理学家布鲁纳认为，最好的学习动力是对所学材料有内在兴趣，而最能激发兴趣的莫过于游戏。

游戏的趣味性可以吸引培训学员的积极参与，培训游戏的选择，需要根据不同培训目标，结合培训内容，综合运用心理学、行为科学、管理学等多方面的知识，设计出切合实际并具有一定情景背景的管理矛盾，积极调动学员的参与性，使一些原本枯燥无味的概念和原理变得通俗易懂、易于接受。

在培训课程开发与设计中，依据培训目标，游戏活动的形式可以多样化，但是要遵循一定的原则，如表5-5所示。

表5-5　　　　　　　　　　游戏设计的一般原则

原则	具体内容
1	培训游戏计划达到的培训目标
2	注意参加培训人员的兴趣需要
3	考虑参加者将会出现的反应及接受程度
4	活动种类必须灵活，因不同的参加者而有所变化
5	活动要由简到繁，由易到难，由熟悉的到新的，以便大家都能参与
6	提高参加者参加的机会，鼓励参与，并提供经验给他们
7	注意人、时、事、地、物与活动影响

游戏设计原则为游戏的设计和组织提供了较为明确的流程规则，使组织者和参与者对游戏活动有较完整的认识，具体而言，游戏活动的设计流程如图5-4所示。

熟悉设计流程后，在培训中运用游戏活动法时要注意以下两点：

（1）制定明确且完整的游戏规则

没有明确的游戏规则，就无章可循，在游戏中引入的小组或个人比赛往往也就无法分出胜负，因此，在游戏开始前就要对比赛的规则进行细化和量化。

（2）游戏做完之后要有结果

游戏的目的不是结果，而是通过游戏结果使学员对培训内容有更深刻的认识。在一些引入竞争比赛的游戏培训活动中，要有最终的胜负者。

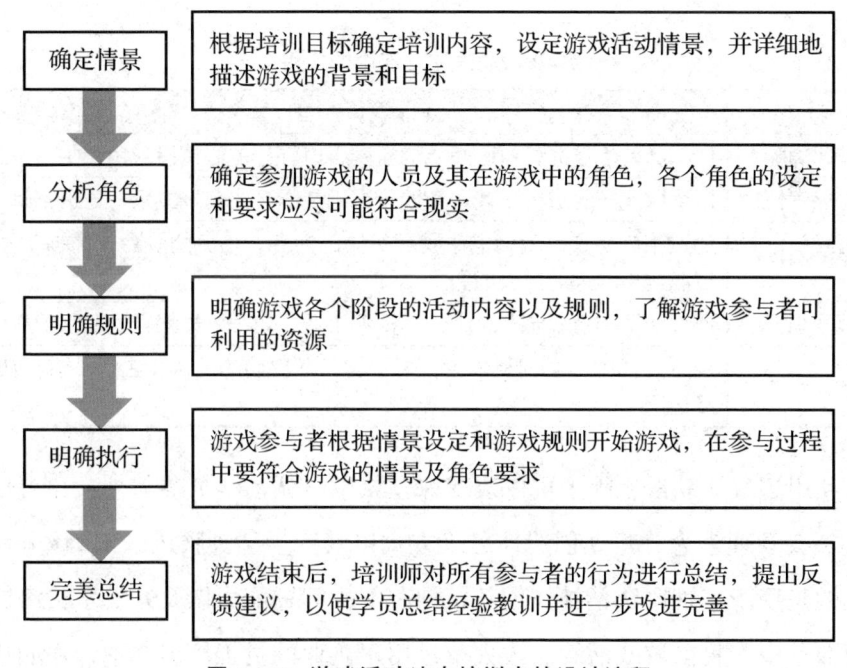

确定情景	根据培训目标确定培训内容，设定游戏活动情景，并详细地描述游戏的背景和目标
分析角色	确定参加游戏的人员及其在游戏中的角色，各个角色的设定和要求应尽可能符合现实
明确规则	明确游戏各个阶段的活动内容以及规则，了解游戏参与者可利用的资源
明确执行	游戏参与者根据情景设定和游戏规则开始游戏，在参与过程中要符合游戏的情景及角色要求
完美总结	游戏结束后，培训师对所有参与者的行为进行总结，提出反馈建议，以使学员总结经验教训并进一步改进完善

图 5-4 游戏活动法在培训中的设计流程

4.2 游戏活动法的作用和应用

在培训课程中，好的游戏往往是最精彩的环节。通过游戏，学员可以在轻松的环境中理解到深刻的寓意，从而对所要培训的内容拥有比传统培训方法更加直观、更加具体的理解，认识也更加深入。

这一方法可以让学员联想到自己在游戏中的行为在现实中可能产生的后

果，从而影响到学员今后对类似事件的思考方式与决策选择。同时，通过在小组间进行游戏，可以改善学员之间的人际关系，也可以提高学员们的团队合作精神，让他们回到自己的工作岗位之后工作能够比以前更加顺利。游戏活动法的作用如表5-6所示。

表5-6　　　　　　　　　游戏活动法在培训中的作用

作用	具体内容
破冰功能	参与者熟悉彼此，打破尴尬的氛围，以轻松的心情投入角色中
增加信任	以团队或分组进行游戏，有助于同组成员建立友好关系，增进了解
促进沟通	通过组内协作，使他们感受到集体的力量，培养团队合作精神，同时提高学员的沟通交流能力
领导组织	通过团队构建、游戏小组的指挥和协调，培养学员的领导和组织能力
场景实践	通过游戏中的尝试及体会，帮助学员在日后的工作和生活中进行实践及运用

利用游戏活动法，除了可以改变课堂氛围、调动学员参与外，还可以让学员领会管理理念、建立创造性思维方式以及产生"头脑风暴"。该方法最常见的是用于培训团队精神、创新精神和解决问题能力以及开发学员潜能等方面课程中。目前游戏活动法被大量运用于企业的员工培训之中，比如华为就用经典的企业培训课程——大合唱激励新员工，通过大合唱的游戏活动方式帮助新员工尽快地融入集体。

在正式加入华为前，新入职的员工需要参加20天的公司文化培训。华为给每批新员工做"华为×期"这样的编号，每期分成若干50人左右的中队，每个中队分成2个小组，各个级别都有学员负责人。

宣扬民族主义情怀，打败跨国公司，为民族工业争光，这是华为入职培训的主旋律。在培训方法上，华为从生产、市场和管理一线抽派员工与新人进行近距离交流。

在培训中，华为会采用不同的游戏活动的方式，如大合唱。入职培训时，经常唱的歌曲有《真心英雄》和《华为之歌》，另外还有专门针对销售人员的激励歌曲。

华为人对培训中的"大合唱"记忆犹新，"合唱听起来很傻，可是在那样的氛围中，我确实被感染并沉浸其中了，合唱结束听到掌声的时候似乎给人一种重生的感觉，我知道自己成了华为的一分子。"前华为市场部王浩这样评价华为培训中的"大合唱"。

游戏由于场景的趣味性和实效性，在企业培训中有着巨大的应用空间。培训师将培训内容与游戏活动相联系，不但加深了学员学习的印象，而且使学员乐于反思与实践，以达到预期的培训效果。

5. 情景训练法

情景训练法以情景教学理论为基础，以情景模拟为手段，综合理论讲授、案例教学、游戏活动、角色扮演等多种教学模式的优点，融合学习、思考、实践、训练为一体，充分体现了培训方式的创新性。

5.1 情景训练法在培训中的流程

情景训练法就是将工作中的典型案例作为情景，供大家研讨、交流、启发。这种培训方法通过对所学知识的思考，将团队精神、组织能力、协调能力、沟通能力、语言表达能力结合在一起，通过学员的参与性、互动性把实践经验上升到理论高度，继而模拟实践进行情景演练。情景训练法一般有六个步骤，分别是情景设计、分组研讨、模拟训练、情景演练、专家点评、内化提升，如图 5-5 所示。

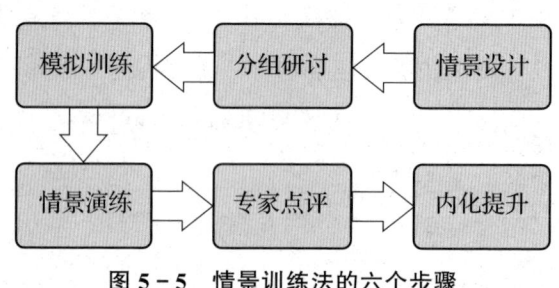

图 5-5　情景训练法的六个步骤

情景设计是情景模拟演练的筹划阶段，在设计时应遵循一定的流程，保证情景设计的顺利完成以及后续工作的顺利展开，具体如表 5-7 所示。

表 5-7　　　　　　　　　情景设计的一般流程及内容

流程	具体内容
分组破冰	将学员按照合适的人数分成若干个小组，先做一个破冰活动，打破学员之间的陌生气氛，保证学员能以愉快的、开放的心态接受培训
确定主题	将情景模拟的目的、意义向学员解释清楚，每个小组根据培训内容确定一个主题
明确时间	明确各项任务完成的具体时间。情景设计一般在培训项目运行的第一天进行；案例分析是核心内容，可以适当延长时间，但必须在模拟演练前完成

分组研讨。各个组长带领小组全体成员对本组所选案例进行修改、完善，组内成员共同讨论所选主题，选取工作中与主题相关的典型案例。具体做法如表 5-8 所示。

表 5-8　　　　　　　　　　　分组研讨的具体做法

维度	具体内容
确定重点	案例选取是否准确，案例主题是否鲜明，故事情节是否生动，时间安排是否合理等
分组讨论	每个小组要在一个独立的教室进行讨论，互不干扰
做好指导	讨论之前，培训师可以给学员发放优秀案例范本，供学员参考。在讨论的过程中，培训师要时刻关注各小组讨论的情况，并及时地对存在的问题进行指导
做好记录	培训师要认真观察这一阶段学员的进度，做好记录，为最终的点评收集典型素材

模拟训练，就是要求学员把研讨成型的案例按照编写好的剧本进行排练，形成一个情景剧。这个阶段是学员兴趣最浓厚、乐趣最多的阶段。培训的最高境界是要调动起每一个学员的积极性，让学员成为培训的主体，但是如何调动学员的积极性对于培训师来说是一个严峻的挑战。具体做法如下：

一是通过激励和点评，及时总结表扬训练过程中的先进个人和小组，督促参与相对不积极者；

二是帮助各小组解决训练过程中存在的问题；

三是注意工作方法。训练中难免出现一些问题，切忌一味指责。通常情况下培训师不必急于干预，因为情景训练本身就是通过情境和感悟来达到行为训练的目的。

情景演练，一般放在培训项目的最后半天进行。情景演练的具体做法如图 5-6 所示。

各小组演练结束后，专家进行总结点评。专家的选择包括两类：一是教学经验丰富的授课教师，二是实践经验丰富的管理干部。这两类专家分别在理论和实践两方面对学员进行评价和指导,这种点评方式真正做到了理论联系实际,使学员既能够学习理论知识,又能够获得实践经验。

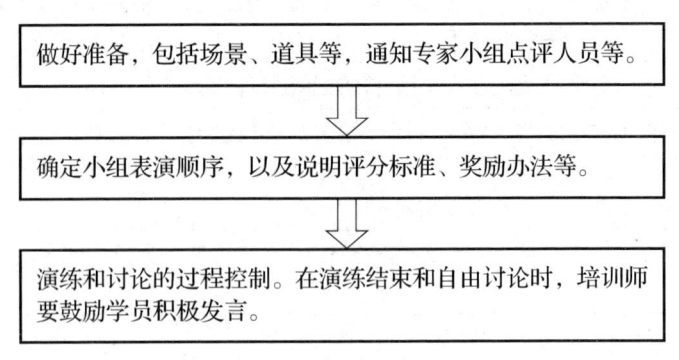

```
┌─────────────────────────────────────────────────┐
│ 做好准备,包括场景、道具等,通知专家小组点评人员等。│
└─────────────────────────────────────────────────┘
                        ↓
┌─────────────────────────────────────────────────┐
│ 确定小组表演顺序,以及说明评分标准、奖励办法等。   │
└─────────────────────────────────────────────────┘
                        ↓
┌─────────────────────────────────────────────────┐
│ 演练和讨论的过程控制。在演练结束和自由讨论时,培训师│
│ 要鼓励学员积极发言。                              │
└─────────────────────────────────────────────────┘
```

图 5-6 情景演练的一般做法

内化提升是情景训练法的最后一步,也是学员进行自觉学习和主动学习的第一步。学员通过情景演练总结概括出思考问题的模式,以及解决问题的方法,从而形成新的行为模式,并将其转化为实际技能应用到工作实践中。

5.2 情景训练法的特点和应用

情景训练法与传统的培训方式不同,更加强调了理论与实际工作结合、讲授与体验相结合、脑力与体力并用,对学员进行全方面、多维度、系统性培训,以实现最佳的培训效果。一般来说,情景训练法有以下五大特点,如表 5-9 所示。

表 5-9　　　　　　　　情景训练法的一般特点

特点	具体内容
心理性	情景训练具有心理情感理论,创设的情景可以激发学员有情感地主动参与学习,引发学员主动自觉地认知活动

续前表

特点	具体内容
参与性	强调学员对培训活动情境的参与和融合，关注学员对学习活动的体验、领悟和反省
预设性	要考虑学员的自身特点，做好丰富的材料准备，以便为学员提供充足的情景背景，从而使每一个学员有机会进行活动
形象性	将抽象知识具体化、形象化，帮助学员更好地认识知识的形成，从而引导学生认识更深层次的理念
宽松性	情景训练为学员提供了一个宽松的学习场景，以避免抑制学员的认知活动

情景训练，可以促使学员的主动性、学习能力、认知能力等发生一定的变化，综合素质和管理技能进一步提升。目前，情景训练法已广泛应用于企业的管理干部培训中。

2013年8月，京东公司为了配合自己的"全面绩效管理体系"落地，开始举办全国经理轮训班。轮训以"绩效管理中的关键对话"为主题，一共两天，大约800名京东的经理接受了培训。京东的轮训班采用了面对面讲授、视频教学、案例分析、小组讨论和角色扮演等多种教学方式，不仅如此，此次轮训还大力推行"以考代练"。轮训的第一天晚上，每一位参加轮训的学员都必须参加情景模拟测试，这一次测试并不计入成绩。而安排在第二天下午的一对一情景模拟考试记录学员成绩，题目是培训过程中发现或遇到的管理困境。这个考题一方面考查的是学员发现和提炼问题的能力，另一方面考查学员的总结归纳能力和口头表达能力。

经过两天的轮训，京东大学高级总监马成功发现，部分经理虽然思路清晰但表达有问题，而部分经理不仅思路混乱，而且表达也不到位。这些都是因为能力上有所欠缺。在他看来，思维和表达能力是一个合格管理者都应该去提升的能力。随着京东此次轮训的成功，京东未来将更加注重通过以考代练的方式提升管理者的能力，使他们快速成长。

结合情景训练法的特点以及上述案例得知，情景训练在一定程度上可以帮助学员激发自身潜能，树立正确的自我观念，增强有效的时间和绩效管理能力，增进人际沟通能力，让学员在所设情景中发现问题和解决问题，从而培养综合领导才能，提高实际工作能力。

6. 无领导小组讨论

无领导小组讨论作为情景模拟教学的一种，也是常用的培训方式。它将培训学员分成各个小组，通过竞争，让学员亲身体验、尝试，并在讨论中学习进步，让学员真正成为学习的主体。在培训课堂上开展小组讨论不仅有利于调动课堂气氛，而且增强了组员之间的交流，强化了培训效果。

6.1　无领导小组讨论的流程与评测功能

在培训时，大多数学员都倾向于选择与其他学员一起学习，以起到相互帮助、相互鼓励、交流意见与经验的作用，因此，无领导小组讨论的培训方式深受学员青睐。在讨论过程中，小组之间就某一问题以辩论的形式进行探讨，学员与学员之间的信息进行了多项传递，致使学员从相对被动的地位转变到相对主动的地位，极大地促进了每位学员的发展。

事实上，想要开展一场有价值有意义的小组讨论，一般要有一套完整的实施流程，如图 5-7 所示。

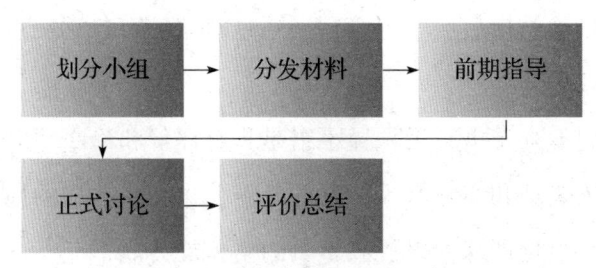

```
划分小组 → 分发材料 → 前期指导
                              ↓
正式讨论 → 评价总结
```

图 5-7　无领导小组讨论的一般流程

第一步：划分小组。无领导小组讨论以每组 6～7 人为佳，根据培训学员的性别、性格特征、心理特征、学习兴趣和水平等划分小组，尽可能保证组与组之间的平衡，以便促进组间的合理竞争。

第二步：分发材料。根据确定的讨论主题，向各组成员提供必要的材料以及评分表。

第三步：前期指导。学习管理者向学员介绍讨论主题的背景资料、讨论的步骤和要求。

第四步：正式讨论。学员明白相关要求后，进入正式的小组讨论阶段，时间一般在 60 分钟，讨论步骤如表 5-10 所示。

表 5-10　　　　　　　　正式的小组讨论的一般步骤

步骤	具体内容
1	以小组为单位根据主题和自身特色，分配好各自扮演的角色，做好分工
2	小组成员轮流发言阐述自己的观点，并做好相关记录
3	进行交叉辩论，继续阐明自己的观点，或对其他组员的观点提出不同的意见，以完善自己的观点
4	得出小组的一致意见，各小组由组长做最后的陈述结果并对本小组的整体表现进行简要总结

第五步：评价总结。在无领导小组讨论过程中，学习管理者、培训人员会很快发现谁的表现欲望最强、谁对他人观点的接受度低、谁没有倾听他人的习惯等，在讨论结束后，学习管理者通过对培训对象逐一点评和指导，达到良好的培训效果。

因此，我们不难看出，无领导小组是具有评价和诊断功能的，通过测评培训学员的品质表现和实际水平，发现其需要进一步改进的地方，然后在后期的培训中进行强化训练，以提高学员的整体能力。

6.2 无领导小组讨论法的优势和应用

与以讲授为主的传统教学培训相比，无领导小组讨论法以学员为中心，以学习管理者为载体，在激发学员的积极性、开发学员智能、提高学员解决问题的能力等方面有着较大的优势：

（1）充分调动学员的积极性、主动性。在无领导小组讨论教学中，学员可以充分地参与进来，围绕一个中心议题，充分表达自己的观点，并且在相互的交流和讨论中，完善个人观点，甚至可能形成新的观念。

（2）提高学员多方面的能力。问卷显示，80%的受访者表示通过参加无领导小组讨论教学，自己的人际沟通能力、综合分析能力、组织领导能力和团队合作意识都有了提高，尤其是团队合作意识提高最为明显。

基于无领导小组讨论的明显优势，该方式被广泛应用于实际工作中。除了企业招聘外，在人员培训、项目培训等方面，无领导小组讨论也可以发挥出很好的作用。例如，华为在项目管理培训过程中就运用了无领导小组讨论法。

华为的项目管理培训充分利用了慕课这一崭新的课程形式。华为项目管理培训的第一步就是学员通过慕课自学项目管理的基本知识,时间和地点由员工自由掌握,从而合理分配工作的时间和培训的时间。

在慕课完成自学后,学员来到华为大学的课堂学习,这是第二步。课堂会把学员分成不同的小组,每个小组都将拿到大量真实的项目案例资料,学员根据前期学习的项目管理知识,对案例进行识别和分析讨论。

第三步则是学员依据前期所学到的理论知识和在课堂上已经了解的项目案例,制作一份项目实施计划和实施方案。这需要小组内所有学员的配合。同时,华为也会邀请项目管理的资深专家,评估学员的计划实施方案,引导他们发现实施方案的优劣势。

那些比较成熟的计划实施方案会由专家帮助学员进行修改,并真正开始执行。项目结束后,还会对项目进行复盘,发现问题,找到原因,使学员将自身的经验和所学知识融合在一起。

无领导小组讨论式培训,鼓励学员积极思考、发现不足并主动提出问题,通过推理、分析、反复运用所学知识而达到培养学员自学能力、推理能力的目的,进而提高学员解决问题的能力,并合理地应用到实际工作中。

第6章
教学资源

在场景培训过程中，通过案例教学、角色扮演等培训方式进行课程开发和设计，利用培训课件、讲师手册、学员手册、引导工具、案例库等优质教学资源，采用灵活多样的教学手段，科学合理地设置培训体系，有针对性地对培训学员进行培训教学，从而真正提升学员的技能水平，让学员将培训的知识更好地运用到实际工作中。

1. 培训课件策划与设计

在场景化学习的过程中，培训课件对学习效果有着重要的作用。策划和设计时，要明确培训课件的制作标准以及课件的内容结构和清单，使培训内容更具专业性、逻辑性。

1.1 培训课件的类别与制作标准

一般都用 PPT 制作培训课件，商业演示专家马建强曾说："幻灯片演示是 21 世纪管理人才不可或缺的沟通呈现技能。"PPT 根据用途和使用方法，分为两种：一种是页面阅读型，另一种是用于演示的 PPT。就培训师而言，通常使用的是演示型 PPT。

因此，在制作课件的时候要遵循一定的标准，PPT 讲究美观大方有主次、呈现方式多样化、内容节奏感强、要有系统和逻辑性、授课场景化等，切忌文字、图片过多等，具体要求如表 6-1 所示。

要明确培训目标，针对不同受众、不同层次内容制作 PPT，一个 PPT 只为一类人群服务。PPT 课件制作标准包括了制作中常见的错误剖析、优秀 PPT 具备的特点、PPT 制作的规范流程和优化呈现步骤、文形图表等 PPT 元素的完美呈现与创意设计、版式美化、模板设计、输出等核心知识点。

表 6-1　　　　　　　　　PPT 课件制作的一般要求

合理的呈现方式	不合理的呈现方式
美观大方有主次 呈现方式多样化 内容节奏感强 内容逻辑性强 授课场景化	文字太多 图片过度堆砌 图片质量低劣 字体字号变化太多 颜色杂乱 层次太多

制作 PPT 会涉及管理学原理——"金字塔原理"，即由一个总的思想统领多组思想。思想之间的联系方式可以是纵向的，即任何一个层次的思想都是对其下面一个层次的思想的总结；也可以是横向的，即多个思想因共同组成一个逻辑推断式，而被并列组织在一起。

通过上述内容，我们可以知道，制作 PPT 一般包括两个思路：逻辑化和视觉化。PPT 要有清晰、简明的逻辑，最好采用"并列"或"递进"的逻辑关系，逻辑化设计如图 6-1 所示。

图 6-1　PPT 的逻辑化设计

PPT 先论点后论据、先观点后理由、先抽象后具体、先结论后内容、从局部到整体的逻辑化设计，不仅可以帮助培训师进行清晰的表达，而且能帮助学员更好地理解和记忆。在讲究逻辑性的同时，还要考虑到 PPT 的视觉效果，要看起来简单、准确、有趣、实用。视觉化的一些原则以及具体方法详见表 6-2。

表 6-2　　　　　　　　　　　　视觉化的原则和方法

原则	具体方法
三三三原则	在同一张 PPT 中，颜色不要超过三种；字号不要超过三种
	层次不要超过三层；动画特效不要超过三种
	表现形式不要超过三种
重点突出	改变颜色、加大字号、加粗、反衬、变字体、加阴影、加下划线
	尽量不要用斜体和艺术字
风格一致	整个课件用一个统一的模板，否则会显得凌乱
	每张 PPT 尽可能选用同一类型的结构模式
	同一级的标题字体、字号要相同；动画等特效要适当

目前在教学培训中，课件类型还是以 PPT 为主，很多企业对讲师 PPT 的制作能力有较高的要求。虽然现在有很多 PPT 课件，但由于讲师没有掌握制作与使用技巧，在培训中并没有充分发挥出 PPT 课件的优势和效果。因此，掌握 PPT 课件的制作标准，以及逻辑和视觉设计原则就显得尤为重要。

1.2　课件的内容结构和清单设计

培训课件制作，最重要的还是编写培训内容，以及理清课程内容的逻辑结构和知识要点。培训课件的视觉化设计都是为了让培训内容更加完美地呈现，为培训者提供更有效的培训教学资源，更高效地表达培训者的意图和目的。所以，培训内容的专业性以及内容结构的条理清晰是至关重要的。PPT 结构模板如表 6-3 所示。

表 6-3　　　　　　　　　课件 PPT 内容结构模板[①]

序号	PPT 结构模板	详细说明
1	培训课程名称 讲师： 培训日期：	内容：PPT 标题页，设计一个极富吸引力的标题 目的：吸引眼球 方法：分学名和艺名。学名说明情境主题和解决问题。艺名突出价值
2	课程导入	内容：导入页 目的：以活动引发兴趣导入课程主题 方法： 1. 反面案例，给出痛点 2. 给定情境，提出挑战 3. 绩效差距，利益诱导
3	课程目标 任务目标： 知识目标：	内容：课程目标 目的：说明课程目标 方法：包括任务目标（解决具体哪个情境问题）和知识目标（掌握哪些克服挑战的组织经验和专家方法）
4	课程简介 知识点 1： 知识点 2： 回顾总结：	内容：课程内容简介 目的：简单介绍主要内容逻辑，给学员一个框架，帮助学员了解课程结构，有利于理解性记忆和学习 方法：结合挑战点展开关键知识目录

[①] 李文德. 情境微课开发. 北京：电子工业出版社，2016：128-134.

续前表

序号	PPT 结构模板	详细说明
5	知识点 1	内容：案例研讨 目的：通过成功案例或反面案例的讨论深度理解课程某知识点的方法和原理 方法：可讲师讲解，包括行为分析、思维模式和影响，也可通过小组讨论分析
	注意事项：呈现方式不局限于案例，文字、图片、音频、视频等均可，也可以请学员现场模拟，以真实还原场景为佳，以更好地理解培训内容	
6	回顾总结 回顾内容： 总结反思： 回顾升华：	内容：课程总结、学员反思与分享 目的：检查学员是否清楚课程内容及使用方法，是否能与自己的实际工作场景相结合 方法：写出应用要点和场景，使学员印象深刻

课件 PPT 的演示文件必须具备结构性，只有按照严谨的内容结构逻辑，才能制作出精品课件，而具体的课件内容应与培训目标、岗位需求相匹配。

精品培训课件在众多企业的培训管理中都发挥着重要的作用。例如万达集团的万达学院成立已八年，目前万达学院的教学资源库里有 5 000 多门课程，经过思考和摸索，万达学院形成了一套有特色的培训体系，其中第一步就是课件制作。万达学院认为，要想做到培训"有用"，一条很有特色的培训课件设计的思维路径非常重要，而这需要以"岗位"为基础制定有价值的培训课件，让"有用"落地。

2. 输出讲师手册

讲师手册，是为讲师服务的标准化的授课指导手册，是讲师理解、掌握、传承课程的关键教学资源。为确保培训师课程交付的一致性，使不同的学员能够接受一致的培训服务，标准化讲师手册的开发和输出必不可少。

2.1 讲师手册多样的呈现形式

在培训时，讲师要根据手册要求对课程进行标准化的呈现，保证课程内容的准确性、教学活动的有效性和课程传承的一致性。由于课程的重要程度、授课难度、讲师数量等方面的因素影响，讲师手册的呈现形式多种多样，详细程度也各有不同，一般可将其分为简单注解版、互动逻辑版和详细话术版三种。如图 6-2 所示。

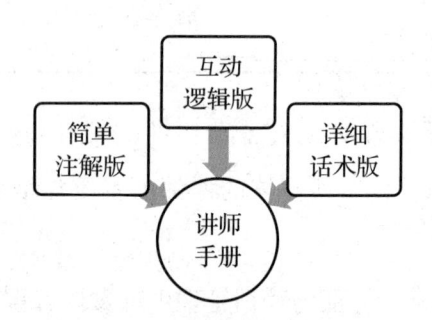

图 6-2 讲师手册的呈现形式

第一种，简单注解版。顾名思义就是在备注中对一些要点进行注释，详细说明某些信息。该版本讲师手册多适用于由专家或者管理者个人开发的以知识传授为主、在小范围使用的课程。在开发中，简单注解版讲师手册有相应的优点和缺点，如表 6-4 所示。

表 6-4　　　　　　　　简单注解版讲师手册的优缺点

方面	具体内容
优点	开发的工作量小且速度快
缺点	只能起到简单的提示作用，授课时大量的关键信息都隐藏在讲授者本人的头脑中。同时，课程信息在传承过程中衰减过多

第二种，互动逻辑版。该版本讲师手册重点强调课程的互动逻辑，包括每个教学活动的互动组织要点，每页 PPT 的互动组织方式，以及前后页 PPT 的过渡和承接要点。该版本讲师手册多采取团队开发模式，以技能技巧为主要内容，并在课程中大量使用互动教学活动。其优点和缺点如表 6-5 所示。

表 6-5　　　　　　　　互动逻辑版讲师手册的优缺点

方面	具体内容
优点	开发团队的讲师按照预先设计的教学策略和互动模式实施课程，既能保证课程内容的质量又能保证互动质量
缺点	在进行大范围讲师认证时，很多隐藏在开发团队头脑中的信息得不到有效传承，且无法保证传承的质量

总体来说，互动逻辑版讲师手册适用于讲师数量较少的课程，是传递课程关键信息的一种高效方式，可以实现企业内最佳实践的有效传承。

第三种，详细话术版。该版本讲师手册的特征是将课程的互动逻辑、每个环节的详细实施要点、学员可能的反应及应对方法、参考资料等所有的内容都详细地写出来。

企业里需要长期使用且大量认证讲师的课程开发均可以使用这种模式的讲师手册。例如，一个有多达几万员工的企业，要针对企业文化重塑培训需求并开发企业文化课程，那么，想要在短时间内就开展全员培训，详细话术版讲师手册就是企业最好的选择。

由于认证讲师可以进行快速标准化认证和课程实施，因此，该版本有着其最大的优点，也存在一定的不足，如表 6-6 所示。

表 6-6　　　　　　　详细话术版讲师手册的优缺点

方面	具体内容
优点	易于传承
缺点	开发工作量大，开发周期长，需要多次试讲、修订后才能使用，且限制了讲师根据内容进行发挥的空间

无论哪种讲师手册，都有一定的优点和缺点，在实际操作时，培训师应根据企业或学员的具体情况和需求做出恰当的选择，从而实现最佳培训效果。

2.2　讲师手册输出的内容及目的

既然标准化讲师手册对企业标准化课程开发设计和知识传承有重要意义，我们就有必要全面地了解讲师手册。通常，讲师手册由课程概述、材料说明、课前准备、授课计划和详细授课要点五大部分构成，如图 6-3 所示。

图 6-3　构成讲师手册的五大部分

课程概述旨在介绍本课程的课程名称、课程编码、授课时长、培训形式、学员人数（分组）、目标学员、必修课程、学习目标等基本情况，有些时候还需说明课程开发的背景。通过概述，讲师能了解课程的整体情况，尤其是对目标学员、学习目标、报名前应该具备的条件等关键信息进行了解。

材料说明对手册中附带的材料，如案例、图文资料等进行说明，为课程培训内容提供详细的指引。

课前准备包括讲师对课程的内容准备和行政准备两大方面，一方面提醒讲师要重点关注课程内容；另一方面，要提醒相关人员做好课程的相关行政工作安排，保证课程的顺利实施。

授课计划分为整体授课计划和单元授课计划，分别与开发过程中的框架设计和详细设计相对应。

整体授课计划是对课程模块的划分和对时间的分配。其中，时间分配包括合理分配学习、练习和复习的时间。要保证学员有足够的学习与练习的时间，帮助他们实现行为的转变，最终达成培训目标。

单元授课计划要说明每个单元的互动逻辑、教学活动的组织要点及内容讲解要点，一般按照详细教学设计的四部教学程序——"启承展合"来进行设计。详见表6-7。

表6-7　　教学设计的四部教学程序——"启承展合"

教学程序		具体内容
启	单元开场	利用好学员注意力的第一个高峰期，引发学习者对培训内容的兴趣
承	承上启下	交代本知识点与其他知识点的逻辑关系，使学员将自己的认知结构与课程的认知结构及时对接，便于构建知识体系
展	展开学习过程	根据体验式学习原理，采取体验、反思、理论化和行动练习等教学方式来开展教学活动，从而激发学员的学习兴趣
合	回顾学习内容	在某个知识点、某个单元结束时及时强化学习者的理解、记忆和应用

明确讲师手册的具体内容之后，进行有效的授课，授课要点通常按照五线谱的形式展开，包括时间线、目的线、方法线、内容线、资源线。具体如表 6-8 所示。

表 6-8　　　　　　　　　五线谱式授课要点及内容

维度	具体内容
时间线	根据知识点的重要性、难易程度和授课方式共同进行时间分配
目的线	结合课程内容和课程目标分解出教学活动或知识点要实现的课程子目标
方法线	以学员为中心的培训方法主要有讨论、案例分析、实操练习、角色扮演
	以讲师为中心的培训方式主要有提问、演示示范、举例、讲故事、比喻
内容线	结合教学流程阐述要传递主题的内容要点
资源线	教学活动需硬件或软件的支持，如视频、海报、参考网址、阅读材料等

五线谱式的授课要点，可以详细说明每个小节、每个活动的实施操作和讲解要求。例如，案例分析的标准步骤是呈现案例背景、提出问题、小组讨论与发表、讲师评价和总结，每一个步骤都要说明如何组织学员参与、如何提问、如何讲解和反馈等内容。

3. 引导工具与表单

培训管理者应为学习者提供相应的引导转化支持。在培训过程中，培训师会用到诸多工具和表单，不同的工具可用于不同的目标和方法，也可以进行混合使用，最大限度地引导和激发学员的培训兴趣和效果。比较有代表性的是个人积分表、评价检查表、思维导图、头脑风暴等教学资源。

3.1 如何找到标杆，引导学习

场景化教学培训时，除了采用体验式教学之外，还要激发学员的学习动机，进而推动培训效果落地。对于培训周期较长的项目，学员上级，即培训师或管理者应该及时关注学员的学习进度，督促学员阶段性汇报学习成果，学员上级对学员应及时作出反馈。

在培训学习时，学员个体是有惰性的，而学员之间又有着微妙的竞争意识，基于这种特性，培训者可以采用个人积分表，以学员与学员 PK 或小组 PK 的形式，通过对抗促进学习效果，激发学员的参与度，如表 6-9 所示。

表 6-9　　　　　　　　　小组 / 个人积分表

组别	学员姓名	积分项目			总计
		出勤情况 （±2分）	上课表现 （±5分）	课后课件 （±3分）	±10分
一组					
二组					

分数排名可以激发学员的外在学习动机，增强学员的培训意愿和投入度；同时，通过积分表，可以找到标杆学员，通过标杆学员对培训现场的学习场景进行宣传，影响和引导更多的人参与学习，增强培训效果。在现代化管理和培训中，标杆牵引成为实现管理创新并使企业员工获得竞争优势的最

佳工具。英国管理学家约翰·爱德欧曾在著作中指出,"一个团队内部无论哪个层面出现滥竽充数的人,他们都会像蛀虫一样腐蚀企业,影响到其他员工,并最终使得原本能力出众的人也渐渐趋于平庸。反之,如果一个团队中有那么几个值得人学习的好榜样,那么,整个团队就会在潜移默化中受到他们的积极引导。"

小组 PK 的竞争方式不仅适用于教学培训,还可以用在企业内部员工的比拼,以内部竞争刺激员工进步,带动企业更好地发展。

华为以竞争激活员工的另一个重要手段就是推行内部比武制度。所谓内部比武,顾名思义,就是企业内部员工的比拼,其形式有些类似于传统的员工技能大赛,但方式上更具多样性,既有部门内部、公司内部,乃至公司与友商之间的正式比赛,又有员工在日常工作中的随机较量。大到两个千万美元项目的 PK,小到两个操作技能的对赌,都是华为内部比武的一部分。

经济学中有一个竞争效应的概念,即竞争带来改进。竞争将会改变垄断者的思维定式、服务意识,改变垄断者的低效率,降低垄断者的高成本,这对企业有效,对员工同样奏效。

举例来说,某酒吧只有一个调酒师,那么这个调酒师在薪酬和环境上向老板提要求,老板便很难拒绝,而缺乏危机意识的调酒师也难以取得调酒工作上的突破。而倘若这家酒吧又进了一个调酒师,那么,两人便必须通过竞争的成败来决定"一哥"的归属,然后为自己争取更好的待遇,这样,调出来的酒水质量往往更高。

无论是华为还是普通的酒吧，内部 PK 都是一种施压的过程，以同事之间或学员之间的比拼方式提升参与者的危机意识和进取心。有了这种比较的意图，参与者可以在培训或工作中更好地学习新的知识，总结经验，获得进步。

3.2 注重检查和测试，保证效果

个人积分是学员之间的施压竞争，可以引导学员展现个人最好的状态。而上级对下级的测评也逐步成为学习项目中常用的一种方式，由培训管理者对参与者进行阶段性检查和测试，确保学员培训的效果和收获，同时也从另一个角度激发学员的学习动力。

测试应该既包括理论测试，也包括实际操作。因为，有的课程侧重于实际操作，而有的课程侧重于理论知识，也有的课程需要将实际操作和理论知识结合起来。

针对不同类型课程的特点和不同阶段，应该安排与之适应的测试，以合理评估学员的学习效果。通常而言，检验学习效果的方式包括以下几种：开闭卷考试、问卷调查、实际操作、观察评分、量表评价等。量表评价如表 6-10 所示。

表 6-10　　　　　　　　　学员量表评价工具表

	测评项目	很好 5分	良好 4分	一般 3分	较差 2分	很差 1分
培训态度	在培训时间方面表现如何					
	是否主动提出建设性意见					
	对此次培训的重视情况					

续前表

测评项目		很好 5分	良好 4分	一般 3分	较差 2分	很差 1分
培训效果	现场练习的表现如何					
	对知识的理解能力如何					
	完成培训任务情况如何					
	对知识实际应用能力如何					
合作意识	是否愿意分享经验和观点					
	采用何种方式表达意见					
	是否支持团队工作					

评价量表不仅能节省时间，而且能提供及时有用的反馈，让学员对培训有更清晰的认识，还有可能成为教学过程的一个有机组成部分，成为培训管理者有用的教学资源，提升教学水平。

在一些著名的企业大学，为了检验培训效果，了解学员想法，以便更好地帮助和引导学员进行有效的培训和学习，通常会开展阶段性的测试。

通用电气公司（GE）的克劳顿管理学院对于如何利用测试来检验学习效果便极有经验。

克劳顿管理学院在知识类的培训上一般采取 Pre-test（训前测试）和 After-test（训后测试）的办法，可以在上课之后很快就对学习效果进行检验。而对于技能类的培训，克劳顿管理学院则更加重视与学员的沟通和反馈。比如说，每当一个课程结束之后，会进行调查评估，以了解每个学员的想法。调查评估以提问的方式进行，比如问学员是否愿意继续接受这类培训，是否愿意推荐给别的同事等等。

另外，克劳顿管理学院还经常组织 Focus Group，类似于座谈会，但讲课的培训师并不参加 Focus Group，以保证反馈意见能够客观、全面、真实。

尽管企业大学的培训更加注重实战的效果，但还是有很多时候，需要通过考试来检验成效，这是引导学习和检验培训学习效果最有效的办法。

无论是培训还是工作，在不同阶段通过测试等工具来检验学习质量，将测试结果反馈给学员，让学员理解事务，掌握处理该类事务的方法，那么培训的目的也就达到了。

4. 案例库与解读说明

为了做好经验总结和案例累积，企业要建立案例库，确保典型案例和信息能有效保存下来。此外，企业培训管理者也要言传身教，将自己的经验分享给学员，做好经验总结的示范工作，让学员养成积累案例、总结经验的良好习惯。

4.1 搭建案例库，丰富教学资源

案例库是多个案例的集合。在培训中心和企业大学，除了教学工具和表单，案例库也可以作为人才培训的重要方式之一，案例也是教学与学习资源重要组成部分。企业大学和培训中心的负责人应该有意识地去收集案例，从而积累和丰富学习资源。

为保证案例库的规范性、科学性和合理性，案例库建设应遵循建设流

程，包括总体规划、收集素材、撰写案例、维护开发和总结反馈五个阶段，如图6-4所示。

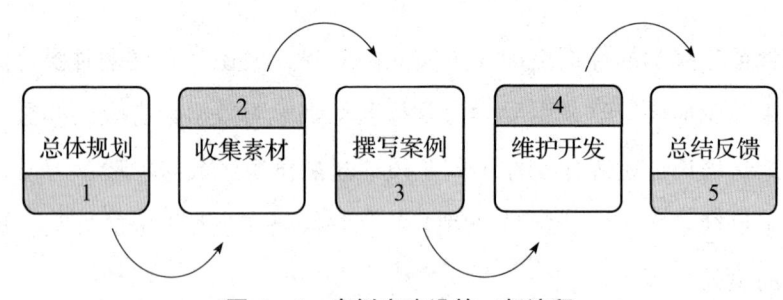

图6-4 案例库建设的一般流程

总体规划应该明确以下内容：（1）案例库建设的长远目标、阶段性目标；（2）案例库建设的总体思路；（3）案例库建设团队的负责人、成员、分工与职责，以及激励制度；（4）预算与经费保障措施；（5）成本控制、进度控制和质量控制方法；（6）案例覆盖的学科或课程范围，以及重点建设的学科或课程等。

收集素材是编写案例的基础性、前提性工作。高质量的案例需要有充足、翔实的素材。案例素材一般有两个来源：一是案例编写者个人的亲身经历；二是通过对某一组织的实际调查，了解、收集相关案例素材。

收集素材之后进行写作构思，撰写案例初稿，并通过案例库建设团队评价修改，最后将案例交给团队负责人审阅，并进一步完善。

一个案例正式入选案例库前有一个试用过程，即将案例用于正式的案例教学，使之接受实践检验，然后由案例编写者根据试用结果，对案例进行进一步的修改、完善，确保每一个入库的案例都是优秀的案例。

最后，应该定期对案例库建设工作进行"事后回顾"，以总结经验教训，不断改进提高，同时据此调整修正工作计划。

建设案例库时，首先要考虑培训课程的特色，要根据不同课程的特点来进行建设，必须要具有现实的指导和教学意义。案例库通常由情境描述、背景资料、分析评价、应用领域和教学建议五部分组成，如图 6-5 所示。

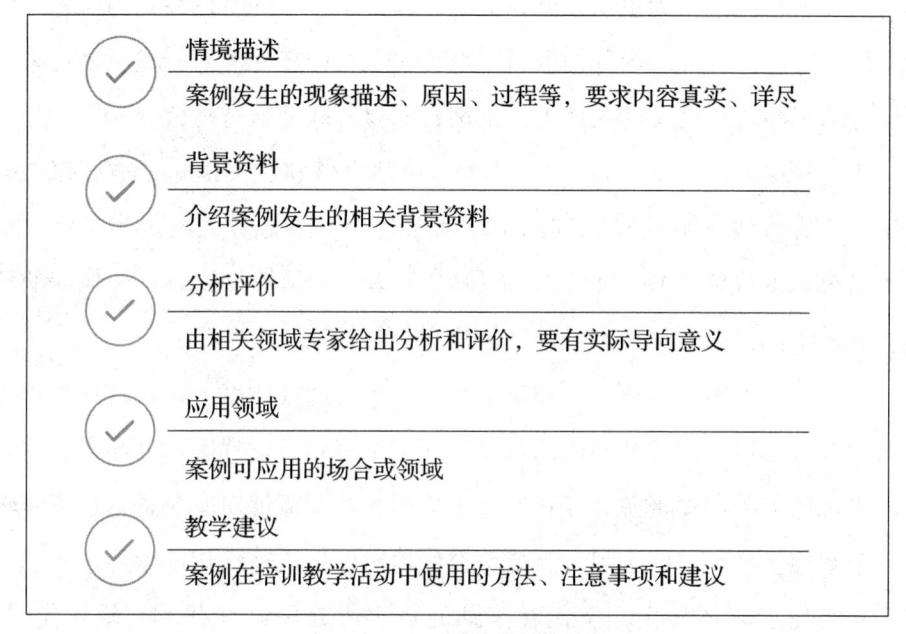

✓ **情境描述**
案例发生的现象描述、原因、过程等，要求内容真实、详尽

✓ **背景资料**
介绍案例发生的相关背景资料

✓ **分析评价**
由相关领域专家给出分析和评价，要有实际导向意义

✓ **应用领域**
案例可应用的场合或领域

✓ **教学建议**
案例在培训教学活动中使用的方法、注意事项和建议

图 6-5　案例库的组成部分

案例库的搭建，丰富了培训教学体系和教学资源，也为学员更好理解培训内容提供了辅助工具，可提升学员学习的精准度，增强培训效果。

4.2　案例库的创新迭代对企业的作用

由于通过案例库可以寻求前人经验、智慧的指点，以更好地学习和工作，因此，许多培训中心和企业大学都建立了案例库。目前万达学院案例库平台已经有近 6 万个案例，这个数字还在以每年上万的速度增长。这个案例库是每个万达干部精英的贡献,里面充满智慧、经验、教训、问题与挑战,是万达人的实战宝典。

同样,华为很早就建立了案例库,而且不同部门有各自的案例库。随着华为的发展壮大,华为也认识到,需要建设一个统一的案例库。当然各部门的案例库可以作为部门内部的资料,而公司统一的案例库对于整个公司来说是经验的沉淀。从公司的层面上去推动,需要不断地保持迭代。

任正非在内部讲话时说:"华为大学将培训资料在网上全开放,每个人写案例,并推进案例从粗到细的串联与穿透,促进业务的发展和继承。对于华为公司的优秀人物,如'蓝血十杰',华为大学不仅仅要宣传他们的精神,更要将他们的方法论和经验展示出来。"

此外,对于华为这样一家拥有十几万员工的超大型企业来说,参与项目的人众多,他们也许会从不同的角度写同一个案例,这样案例就显得有些散乱,也占用了数据库资源。任正非要求华为大学要能够对案例进行整理,将同一个案例整合起来,学习者就能更全面地对案例进行认识和学习。

同时任正非还指出,案例在滚动的过程中是不断优化和"新陈代谢"的,而随着IT系统的建成,华为的案例库更实现了在全公司范围内的共享。也就是说,无论华为员工在哪个国家哪个地区,既可以查看相关案例库的内容,也可以自己上传案例。

华为内部的"客户线连长社区"自上线起就得到了广大客户经理的好评。过去客户经理有许多疑问只能找自己认识的上级或同事或相关人士一对一提问,不仅效率低,还不一定能得到满意的回答。而有了"客户线连长社区",客户经理就可以直接在连长社区线上提出自己的问题,只要是加入社区的人都可以看到他的问题,给出自己的见解或实践案例,供提问者参考。

一位客户经理说:"客户经常这样问,在这个问题上欧洲大运营商是怎么做的呢?过去就只能发邮件去问欧洲运营商的相关人员,而通过连长社区,身在欧洲的客户经理就能给我提供相应的案例,解答这个问题。"

华为正是通过这样的信息共享平台,不仅很大程度上实现了内部的信息共享,也解决了员工知识更新迭代的问题。

搭建案例库学习平台充分利用了现代化的工具,无疑会更有利于企业人才队伍的建设,加强技能、经验、技术等方面的资源共享,同时,也对企业大学展开培训活动提供了更高价值的教学资源。

5. 输出培训学员手册

在企业培训管理中,制作培训学员手册是一项日常工作。根据应用情景手册可分为两类:一是培训项目的学员手册或培训班学员手册,通常作为整个项目运作标准化的告知文本;二是某门培训课程的学员手册,通常作为下发给学员辅助学习的教材。

5.1 学员手册的编制原则和要点

在培训过程中,不仅培训师需要有一定的经验,学员的经验也非常宝贵,大家可以分享工作中的案例,这是一种很好的学习方式。同时,从培训后的落地来看,将这些经验萃取出来,编成手册,更能将培训课上所学的知识点应用到工作中。

培训学员手册通常不是一份独立的教学资源，而是对课程的支持和补充。它可以涵盖授课中需要使用的材料，以及课程结束后能为学员提供进一步知识的资源。

为了保证培训学员手册可以帮助学员认知培训项目目标、了解课程计划安排，明确培训考核及相关后勤管理要求，促使学员更好地投入培训、参与培训，共同实现培训产出最大化，在编制学员手册时，要遵循一定的原则，如表6-11所示。

表6-11　　　　　　　　编制学员手册的原则及内容

原则	具体内容
准确性	确保所有内容准确无误，与课堂教学保持一致
针对性	手册内容紧密围绕学习目标来编写，在满足学习目标的基础上增加学习的趣味性
难易适中	不同学员在文化程度和理解上可能存在差异，编写手册时充分考虑难易适中
适当留白	编制学员手册时，应适当留出空白供学员在学习过程中进行记录
排版适宜	在编写学员手册时，应当设计合适的字体和字号，便于学员在培训过程中和培训结束后阅读

此外，在编制手册时可适当地补充相关知识便于学员自学，拓展学习深度。输出时，可使用启发性问题进行内容串联，避免全部是叙述式表达，同时增强学员兴趣。

5.2　学员手册的内容结构及目的

学员手册是学员参加培训时得到的培训资料，包括学员需要或者被要求掌握的所有知识要点。通常来说，学员手册有完整的内容结构，一般由学员手册封面、著作者的信息、学员手册目录、培训课程日程、培训课程提纲、课程内容、案例分析等组成，如图6-6所示。

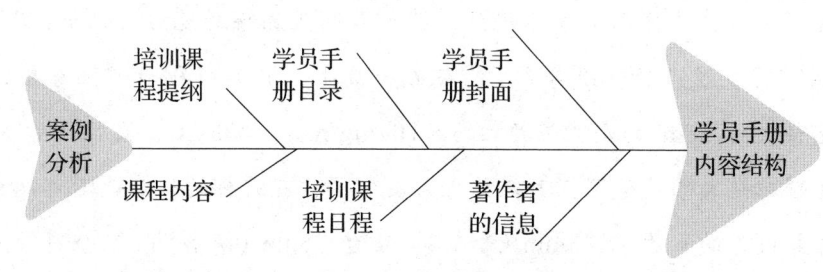

图6-6 学员手册的内容结构组成

其中，学员手册封面包含组织名称、课程（项目）名称、企业LOGO、课程（项目）编码、日期等。著作者信息包含著作者的照片、业务简介、职业资质、业务成就、服务范围、主讲课程等。

对于培训学员手册中重点内容的撰写，可以从三个不同的维度进行相关指导，确保学员手册编制的准确性和实用性，具体见表6-12。

表6-12　　　　　　　　　　重点内容撰写指导及内容

指导维度	具体内容
培训考核	包括考核内容、指标构成、评分项目及标准、考核结果应用
纪律公约	撰写内容根据企业内部文化导向以及培训工作要求制定，力求全面概括学员在培训期间应遵守的规范
提醒须知	以服务学员为宗旨，提醒在培训期间涉及的相关问题，力求细致全面

学员手册的好坏在一定程度上影响学员在日常工作中的工作质量和效率，因此，作为重要的教学资源和工作指导，学员手册或相关技术手册在企业中深受重视并被广泛运用。

华为的资料开发部专门负责整理相关资料，编制成各种技术手册，提供给员工学习参考。为了提高技术手册的质量，资料开发部总编办组织了一次归档资料突击测试。结果，一本125页的技术手册，还没有全部检测完毕，就发现了163个文字、数字不规范，甚至是明显错误的地方。比如，"登录服务器"写成了"登陆服务器"。在另一页上，赫然印刷着"机房要能密封，直径大于5mm的灰尘浓度$\leq 3\times 104mg/m^3$"，实际上，直径大于5mm已经是颗粒很大的沙子了，不能称之为灰尘了，在这样的机房是不可能放置交换机等设备的。原来"5mm（毫米）"应为"5μm（微米）"，一个符号之差可谓谬之千里。测试结果出来后，资料开发部的同事们很是羞愧，也认识到了细节的重要性，最后终于把资料的错误率降低到了合理范围内。

上述资料开发部出现的问题，从表面上看似乎并不是什么严重的问题，但是，往往细节决定成败。如果把这些技术手册发放给新员工，那么在某种程度上会影响新员工的判断和对相关知识的认知，很有可能造成工作失误。

因此，规范和完善学员手册、技术手册或其他相关资料，对学员的培训和工作都是至关重要的。

6. 设计作业指导书

作业指导书是为了保证培训过程的有效展开以及课后复习的质量而设计的一种针对培训学员的具体作业活动指导，是指引培训活动的途径、要求与方法详细化和具体化的指导性文件。

6.1 制定标准化的"岗位宝典"

对员工进行有组织、有计划的培训,是为了使公司内部人员具备相应的知识和技能,这些知识和技能将提高他们的能力,从而实现公司与员工共同发展。

培训的最终目的是解决问题。对于共性问题的解决,不能仅仅停留在概念、理念和方案层面,还应推动工作指引,逐步建立和完善制度、规范。

在培训中期和后期,培训部门和各学习小组的组长引导学员将业务中的难点问题进行整理和探究,形成标准化业务指南,然后在实践中更新升级,这是培训落地的重要方式。

万达学院曾经用"雁过拔毛"的方式将同岗位学员的优秀经验和做法汇集起来,开发成本岗位的工作指引,即"岗位宝典",也就是作业指导书。企业或者培训者制定标准化的作业指导书,通常有四个目的,如图6-7所示。

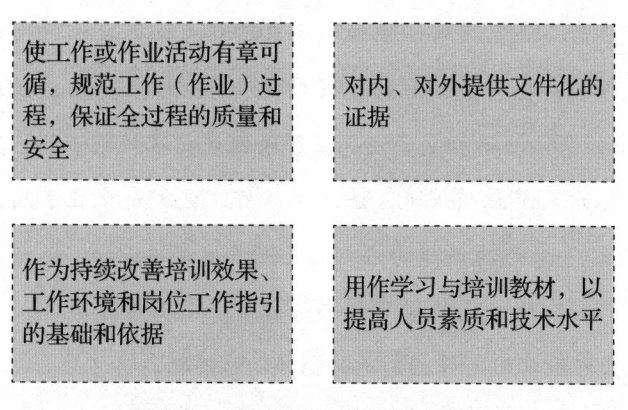

使工作或作业活动有章可循,规范工作(作业)过程,保证全过程的质量和安全	对内、对外提供文件化的证据
作为持续改善培训效果、工作环境和岗位工作指引的基础和依据	用作学习与培训教材,以提高人员素质和技术水平

图6-7 作业指导书的四个目的

明确作业指导书的四大目的之后,在编写时将会更有针对性,但是在这个过程中，一定要遵守"三性"原则，即完整性、可操作性和统一性。如表6-13所示。

表6-13　　　　　　　　　作业指导书编写原则及内容

原则维度	具体内容
完整性	应遵照行业、企业颁布的相关标准，内容清晰、准确、完整，以保证对工作或培训活动的全过程控制
可操作性	要注重策划和设计，量化、细化、优化和标准化每项作业内容，确保作业有程序、结果有记录、考核有依据，不断强化可操作性
统一性	作业指导书应与企业管理体系、工作岗位职责标准等相衔接

作业指导书客观上需要企业根据业务状况、岗位需求等，制定和执行科学的工作标准，以辅助推进标准化管理。只有通过这种标准化操作和管理，才能有效并快速地满足企业需要。

华为为了培训秘书人员引进了英国NVQ企业行政管理资格认证，并率先在秘书部建立任职资格认证体系，制定了文秘行为标准，完善了相关作业指导书。在培训完成后，还需要每一位秘书人员理解文秘标准作业指导书并参加考试。华为引入任职资格标准的目的是实现标准化管理。对此，任正非是这样说的："英国这个国家，法治和它的企业管理条例是非常规范化的，在世界上应该是高水平的，你看看英属殖民地，法治都很好，这都是来源于周密的、全面的法治环境与建设。"华为的任职资格尝试获得了巨大的成功，不仅解决了秘书的职业发展通道问题，也极大促进了秘书的积极性，工作效率得到明显提升。于是，华为的人力资源部门也开始制定其他部门的任职资格体系。

为实现标准化管理，华为率先在秘书部建立任职资格认证体系，制定文秘行为的标准化作业指导书。作业指导书的规范改善了秘书部的现状，使秘书的工作效率明显提升，这为华为其他部门制定相关作业指导书提供了范本。由此可见，制定一份标准且规范的作业指导书对企业、部门和员工的发展起着重要的作用。

6.2 作业指导书的内容及要求

为明确岗位的工作职责、工作流程及注意事项，规范岗位的作业程序，防止因考虑不周或随意简化工作流程而出现问题，确保作业正常，就要制定指导书。作业指导书在一定程度上也是企业标准或岗位工作标准，应该根据企业的具体需求以及岗位职责而制定，从而指引员工工作。同时，它也为后续培训提供学习指导。

一般来说，作业指导书的内容应该满足：明确职责、明确权限、明确部门、明确利益、明确上岗标准。具体内容如图6-8所示。

适用范围
帮助任职员工找准自己的定位

工作职责
员工必须清楚自己的主要职责、次要职责、配合职责和共性职责

任职条件
引导员工清楚认识自己的长处和短板，方便日后制定改善方案

遵循标准
对工作中所有制度、标准、流程图有清晰的认识

工作配置
由行政系统员工统一配置，培训时可以忽略不管

考核标准
明确工作职责及企业薪酬绩效制度，设置奖惩标准

图6-8 作业指导书的内容

在工作岗位职责及能力标准的管理上，作业指导书除了要求内容详尽，条理清晰，还要指标明确，职责、权利和义务要对应，这样才能更好地对员工进行有针对性的培训，从而促进员工顺利地开展工作。具体要求详见表 6-14 所示。

表 6-14　　　　　　　　作业指导书对工作岗位的要求

维度	具体要求
指标	要考虑该项工作的长期性。必须将每个岗位的工作指标同部门的关键业绩指标相结合
职责	对某一岗位工作内容的概括性描述，具体的工作方法和流程，按公司相关的管理要求制度执行
权限	对某一岗位人员权利、权限的概括性描述，某一岗位人员能够决定哪些事情，每件事的工作尺度都要清楚地列出
奖罚	对指标完成情况、职责履行情况、权限的使用情况进行考核，确定奖励还是惩罚，职责、权限和奖惩必须对应

作业指导书适用于指导企业不同岗位的工作职责以及培训活动，使员工在实际工作中更有章可循。早在 1995 年，为了促进标准化管理和规范化指导，华为就聘请了知名专家学者起草了华为的作业指导书——《华为基本法》。

1995 年，华为聘请了包括吴春波在内的几名中国人民大学的教授起草《华为基本法》，以便在此导向下设计系统而细致的工作标准。就在《华为基本法》尚处于构思阶段时，有人送给任正非一本 19 世纪的美国宪法。当时，任正非看着这本宪法感慨道："（这本宪法）今天看来，并不高明，但它指导了美国二百多年的发展，奠定了美国今天的繁荣。"

因此，任正非也希望《华为基本法》在 20 年后，仍能规范指导华为人的工作,能够将企业成功的基本原则和要素系统化、规范化、制度化,将企业家的智慧转化为企业的智慧,并且不断传承下去。

《华为基本法》可以被视为升级版的作业指导书,为企业发展和员工工作提供了更深层次、更大范围、更标准化的指引。历经二十余年,《华为基本法》依然能够指导华为人的工作。华为的做法对其他企业产生了深远的影响,使其他企业更加重视作业指导书或岗位标准的制定和推行。对于企业培训而言,作业指导书是极具价值的教学资源,有助于培训效果的吸收和转化。

第7章
教学引导

相对于那些被动的、强迫式的学习,成人更喜欢能够主动参与的学习,并且希望有自主决策的权力。在他们看来,如果能够主动参与某件事情,积极发挥自己的能动性,就能取得更好的结果。因此,在培训的过程中,培训师要通过设计各种活动,引导学员自主学习,激发员工的自学意识,让员工主动接受指导,从而快速成长起来。

1. 设计破冰活动，吸引学员关注

破冰是培训中一项专业的技术，成功的破冰不仅可以达到学员融合，吸引学员注意力，更是决定整个培训能否达到预期效果的关键。所有破冰活动的设计都是为培训目的服务的，活动类型很多，需要根据培训目的进行选择。

1.1 开展破冰活动的重要意义

可以想象大多数培训师在第一次走进教室时的感觉，大部分人会感觉仿佛有一堵无形的墙伫立在自己与学员之间。墙是将学员和培训师分开的假想边界，它使培训师无法与学员进行真正的互动，也无法就想法进行自由分享，双方之间也就没有了信任的基础。如果培训师想要与学员有任何类型的交互，就必须打破这堵墙，而打破这堵墙的必要步骤就是破冰。

破冰的主要目的是介绍团队成员认识，帮助学员间相互熟悉，引出培训课程的主题。学员通过共同完成任务相互认识，沟通交流，为培训期间的学习与合作创造良好的氛围。

将破冰活动作为培训工具，通过破冰引出课程内容，能够帮助学员从课程一开始就把注意力集中在重要方面。破冰活动有助于培训基调的建立、学习氛围的营造，但是培训师要特别注意把控破冰活动的时间。如果破冰活动设计得过于活跃，很容易使课堂失控，比如超出时间限制，或者浪费活动创造出的正能量。因此也有人认为，破冰活动是在浪费培训时间，如果允许，可以缩短甚至取消破冰时间。但是，如果直接进入课程，会出现不同的问题，具体如表7－1所示。

表 7－1　　　　　　　　　缺少破冰活动可能产生的问题

序号	具体问题
1	缺少互动，这通常会让学员感到无聊以及产生对培训师的不满情绪
2	培训师在课堂后期必须不断回溯，了解早些时候就应该提出的问题，以及应对可以让学员通过破冰避免的情况
3	大大减缓了团队的形成速度，削弱了培训效果

培训师也要积极参与到破冰活动中，通过破冰活动，让学员了解培训师及其教学风格。在破冰活动开展的过程中，培训师通过记笔记，将有价值的信息组织起来，向学员展示他们说的话很重要，这是体现重视他们的信息的最好方式。

破冰在培训现场很重要，可以让学员们认可讲师，或者让学员的目光自然地被讲师吸引，这有利于培训课程的顺利进行。一般来说，培训师介绍完自己的相关情况以及本次培训课程的关键内容与目标后，就开始开展破冰了，以此激活培训现场的能量，使学员们快速进入课程状态，活跃起来。破冰包括三层含义：

第一，参训学员之间的关系解冻，团队的氛围、团队成员之间的关系达到一种融洽的状态；

第二，参训学员对拓展训练本身的认识由不了解、有偏见、不重视达到一种正确对待的心理状态；

第三，参训学员与拓展教练之间的关系由不认识、不信任、不放心甚至不接受到对培训师产生正确的看法，认可培训师，接受培训师。

精心策划的破冰活动能确保培训课程从一开始就拥有较高的参与度和关注度。因此，培训师要重视破冰活动的设计，充分吸引学员的关注。

1.2 设计破冰活动时的考虑因素

常用的破冰方式主要包括游戏、舞蹈、故事、情景扮演等，如表 7-2 所示。

表 7-2　　　　　　　　　　　常用的破冰方式

序号	方式	具体内容
1	游戏	游戏是最常见的破冰方式之一，可以减少新培训师的控场压力，通过游戏能观察团队和个人，游戏同时也是打破人与人之间隔阂的最佳方式
2	舞蹈	这种破冰方式对培训师的要求非常高，但对学员的感染力很强，容易提升他们的参与热情
3	故事	适用于层次较高的、年龄较大的团队。采用故事形式的破冰，一定要条理清晰、引人入胜，保有悬念

在不同的场景下，要用不同的破冰活动才会有效，必须考虑各种因素。

一是选择有针对性的破冰活动。根据学员群体的特征选择合适的破冰活动，同时还要考虑培训内容与破冰活动的匹配度。

二是考虑培训项目可以分配给破冰活动的时间。培训项目时长将影响培训师对破冰技巧的选择。如果培训的时间少于一小时，那么破冰就是不切实际的。在这种短时间的培训中，通常你不会有很多时间让学员进行交互。但是可以用与主题相关的故事、类比或问题等来让学员进行热身。如果培训的时间比较长，那么在设计破冰活动时，培训师可以发挥的空间就很大，可设计多种破冰活动，但是也要注意不宜过多，避免影响培训的效果。

三是考虑本次课程所需要的交互水平。大多数培训的目标是营造一种允许想要参与的人都能参与的氛围,这时候培训师就可以设计一些活跃气氛的破冰活动。但如果是一些比较严肃的培训现场,培训师在设计破冰活动时,则要有所考虑,不能让自己显得很夸张。

在"长春市新教师培训项目"中设计的破冰活动开展步骤[①]:

(1)培训师事先将所有学员分成5组,每组10人。

(2)培训师在介绍完培训课程主题后,进行自我介绍,向学员展示五条关于培训师的个人信息,其中有一条是假的,请学员找出来。这是培训师和学员之间的破冰。

(3)第一个活动,介绍小组成员。小组成员围成一圈,任意提名一位学员自我介绍单位、姓名,第二名学员自我介绍时要说:我是来自……的……后面的来自……的……第三名学员说:我是来自……的……后面的来自……的……后面的……依次说下去。最后介绍的一名学员要将前面所有学员的单位、名字复述一遍。让小组成员之间完成互相认识。

(4)第二个活动,同舟共济。各个小组要完成的任务是:全组成员合作在纸上画一条船;为小组命名,设计代表小组的口号,选出组长,设计组标;将组名、组标和口号写在船上;小组展示,展示的时候全组成员都必须站在船内。这个游戏是让小组成员展示才艺,增强小组的凝聚力。

(5)培训师总结。培训师充分肯定了学员在破冰活动中的参与热情,并对表现突出的学员给予奖励(一个小记事本),希望学员在以后的培训中再接再厉。

随着培训的发展,破冰方式也是多种多样的。使用时要根据不同的团队、不同的场景、不同的培训目的采用不同的破冰方式。

[①] 韩冬梅. 教师培训破冰活动的设计与实施. 长春教育学院学报,2017:39-40.

2. 震撼开场，激发学员兴趣

开场是培训课程中最重要的部分之一。有冲击力、震撼性的开场，有助于创建浓厚的学习氛围，抓住学员注意力，激发学员的学习兴趣，也可以帮助培训讲师或培训管理者树立威信。

2.1 开场的设计原理和原则

好的开始是成功的一半，在场景化教学中，好的开场对培训课尤为重要。因此，培训讲师需要设计课程的开场，为学员接下来的正式学习营造良好的环境。

值得一提的是，在培训中，常常会有一些错误性的开场，如直奔主题式、离题万里式、自我贬低式等，如图7-1所示。

直奔主题式	离题万里式
自我贬低式	自我吹嘘式
枯燥无味式	啰里啰唆式
装腔作势式	虚张声势式
推卸责任式	狐假虎威式

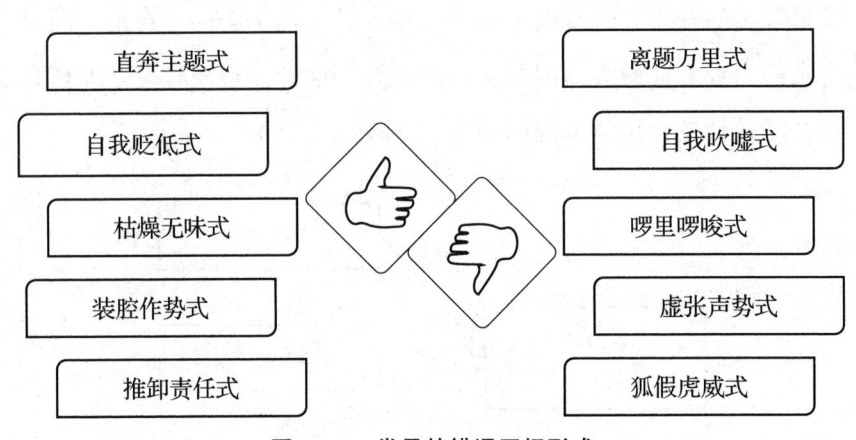

图7-1 常见的错误开场形式

以上十种开场方式都是错误的示范，这些开场方式不仅没有吸引力，还容易引起学员的反感，使培训效果大打折扣。其中啰里啰唆式开场是培训师比较容易犯的，过于啰唆会削弱学员的耐心。简单举个例子，一位培训师受邀为某公司讲绩效管理，考虑到学员比较抵触绩效考核，培训师的开场是这样的：

大家好！今天我给大家讲的主题是"加强绩效考核"。我讲这个主题并不是说大家现在做得不好，其实各位已经做得很好了，但是为什么还要讲呢？这是贵公司的要求。

其实绩效问题是很多公司都存在的问题，那些知名企业难道就没有绩效问题吗？我看未必，其实都是有问题的，所以咱们公司存在些绩效问题是很正常的。如果大家的绩效已经很高了，那才不正常呢！我认为绩效问题是多方面的，不是开个会就能解决的，其实我原本也不愿意讲这个主题，希望大家能理解我。

啰里啰唆的开场方式反映了培训师对自己培训主题的不自信，同时也降低了学员的兴趣和注意力。因此，有效的开场设计应遵循管理学原理和设计原则。开场设计的管理学原理如图7-2所示。

```
                          ┌──────────┐
                          │  破冰原理  │
                          └──────────┘
┌────────────┐            ┌──────────────┐
│  开场设计的  │────────────│  权威暗示效应  │
│  管理学原理  │            └──────────────┘
└────────────┘            ┌──────────┐
                          │ 三三三原理 │
                          └──────────┘
```

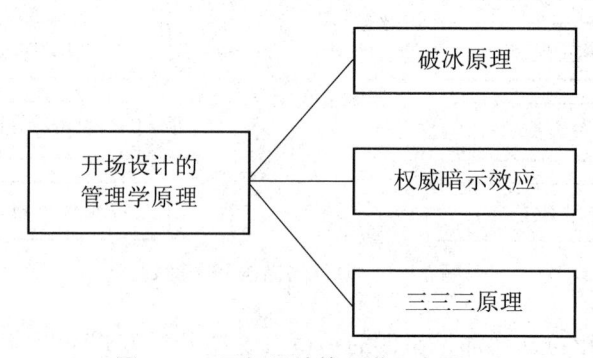

图7-2 开场设计管理学三大原理

培训一开始,培训师和学员之间是有隔阂的,两者之间像是隔着一层坚冰,如果不把冰打破,就会导致培训师讲自己的,学员做自己的,无法形成一个整体的现象。因此,想要有一个有效的开场,就要先破除坚冰。

在培训过程中,学员会根据培训师的开场来判断其是否权威,如果有一个成功的开场,那么培训师会在学员中树立威信。这是权威暗示效应。

最后一个原理是三三三原理,这是培训中常见的,具体如表7-3所示。

表7-3　　　　　　　　　　三三三原理的释义

维度	释义
三秒钟	利用三秒钟营造良好第一印象
三分钟	学员接受培训师之后,开始三分钟的精彩开场
三小时	开场吸引学员后,学员会认真听讲三个小时

在了解开场设计的三大管理学原理之后,就要考虑设计的三大原则,即为主题服务、有吸引力和新颖性。如表7-4所示。

表7-4　　　　　　　　　专业开场设计的原则及内容

原则	具体内容
为主题服务	开场一定要和主题有联系,而且最好能更好地衬托主题
有吸引力	开场的设计目就是吸引学员,因此开场的设计要有针对性,面对不同的学员要采用不同的开场方式
新颖性	敢于实施创意,力求摒弃老套的故事和互动活动

认识了错误的开场,遵照开场设计中的相关原理和原则,结合具体的培训场景和主题、学员背景及培训目标,培训师在设计开场时就可以做到有效、专业。

2.2 衡量开场是否有效的标准

一个好的培训讲师如果使用新颖、专业、震撼的开场方式，可以吸引参训学员对学习主题的兴趣，更可以增强他们对学习主题的兴趣和动机。那么，如何衡量培训开场是否有效呢？其衡量标准如表7-5所示。

表7-5　　　　　　　　　　衡量培训开场有效的标准

序号	衡量标准
1	调动参训学员的好奇心
2	激发参训学员的自信心
3	让学员注意力快速聚焦
4	促进参训学员之间的交往
5	开场内容与课程主题、内容相关
6	开场让学员觉得非常有趣

培训课程一开始，讲师就需要把学员的好奇心、注意力聚焦在课程中，好奇心是十分强大的驱动力。只有调动了培训学员的好奇心，才能使以学员为中心的培训课程产生震撼力，才能赢得学员的口碑，这是衡量培训开场是否有效的首要标准。

好的开场应该能够树立和激发学员的自信心，有助于学员对培训的开放和参与，真正掌握培训内容知识。

在课程开始前，学员可能还在想其他事情，这时候，讲师就需要打断他们脑子里想的那些影响培训的事情，让学员的注意力快速地聚焦到课堂上来。

人在陌生、紧张的情况下，注意力就会下降，如果参训学员感觉到自己不如其他人之间那么熟悉，就不会积极参与到课程中。课程时间越长，就越需要参训学员之间相互熟悉了解。因此，讲师的开场就显得尤为重要，有效的开场可以促进参训学员之间的交往。

企业的培训对象主要是成年人，而成年人大多都是实用型的，因此，培训师需要根据其特性，将开场的设计和课程学习主题及内容联系起来，满足参训学员的学习需求。

有效的开场，还有一个重要的标准那就是有趣。有趣，不一定需要贯穿始终，但是一开始就融入有趣的元素，会让学员感到欣喜，他们会不自觉地发出感叹："咦？这次培训和以前接触的有很大的区别，这个培训讲师很灵活，不死板，不仅可以学知识，而且还很好玩，有意思！"

因此，真正有效的培训开场，是可以带动并激发学员的，能吸引他们的注意力，提高他们的参与度，从而增强培训效果。

2.3 震撼有效开场的方法和作用

任何课程都需要在开场时以"MOIE"模型来打动参训学员。这个"MOIE"模型就是：Motivate（激发动机）、Orient and Preview（导览）、Investigate（调查）、Explain Objectives（阐明目标），具体如图 7-3 所示。

要实现这个"MOIE"，有效开场可以利用道具或教具、幽默的方式、提问、热点法、比较法、案例故事、庄严承诺、引用数据

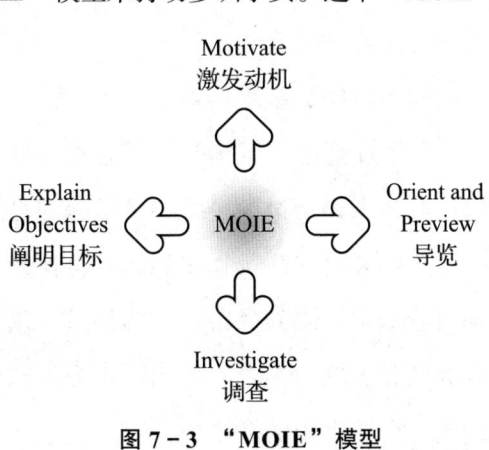

图 7-3 "MOIE"模型

等方式。

（1）利用道具或者教具

在培训中，除了常用的白板和投影仪之外，还可以准备各种有趣的教具：拼图、搭建模型用的积木、不同颜色的彩纸和各色记号笔等。

我第一次参加培训课程，是单位宣传部部长给我们讲单位发展史。他进入讲堂时，手里拿了一双婴儿穿的鞋子，全部员工的注意力一下子就被吸引住了——"这老师怎么带了一双婴儿鞋子？"

宣传部部长一开始也不说，等大家注意力全部被吸引的时候，他才开口："今天讲的发展史，聚焦于单位的起源，就像穿着这双鞋子的孩子那样，不能站立走路；同时，对于学员来说，第一次了解单位发展史，也像穿着这鞋子的孩子，难免磕磕绊绊、有疑虑、有不解、有失误，但只要有孩子那种想站立起来的精神和动力源泉，我们就会在培训中成功！"

回想我们在上化学和物理课时，看到老师端着一堆道具进教室，学生们对课程充满期待和兴奋。可见，充分利用道具或者教具，足可以吸引参训学员的好奇心和注意力。

（2）以幽默赢得笑声

需要注意的是，幽默并不是指讲低俗笑话，这里所说的幽默是用工作中自己或他人经历过的事情当例子，并且还要针对培训主题、具备一定的逻辑性。这些来自实际工作中的幽默会让参训学员觉得很有共鸣，能迅速拉近讲师与参训学员之间的距离。曾见过一位非常娇小玲珑的女老师，她的开场自我介绍是："我姓崔，大'山'压迫下的'佳'人，当然不会长得很高大。"这是一个非常棒的开场白。

（3）进行有效的提问

有效提问能迅速勾住参训学员的注意力并使他们产生好奇心。比如：在领导力的课程上，讲师开场："每个人都不喜欢领导，原因是什么？不用文字描述，请大家用笔给你的领导画个像，画完之后翻面将空白面朝上，老师来收，时间为5分钟。"这样，参训学员一下子动手动嘴忙起来：表达自己的理解、回想各种细节、在纸张上画像。有学员以漫画形式画出领导喜欢在会议上抽烟、开会迟到、专横独断等内容，正好可以作为此课程切入点。同时这种不记名的方式，不会给学员带来压迫感。

在培训前，讲师设计一些问题，让学员举手回答也是不错的开场方式。比如：你参加本次培训想取得什么样的收获？你怎样才能更快、更好、更容易地把学到的知识用来完成工作？提出这些问题之后，让学员举手回答，这样就把培训课程的主题和概述表达出来了。

（4）借用热点法

借用与培训课程相关的热点、难点来进行描述，把学员工作中遇到的困惑先摆出来，使其身临其境，有解决这个问题的欲望，这样参训学员就会主动参与进来，说出自己的感受。譬如从讲绩效指标如何设计、如何调薪等课程出发，找到典型的热点、难点事件，将参训学员带入，激发他们的注意力和好奇心。

（5）横向比较法

针对同一个主题课程，譬如《TTT》课程，有很多讲师在讲。那么，作为讲师的你就可以对其他讲师的讲授方法进行总结，比较出自己的优势，但不要在课堂中说出其他讲师的名字。这样的比较，也会吸引参训学员的注意力。

（6）讲述案例故事

以与课程相关的生动、真实的案例作为故事给学员讲述，开场便能吸引学员的注意力。每个人都喜欢听故事，以故事带入，不会让学员过早地紧张。要强调的是：案例本身必须要真实。若道听途说或是随便从网上找来一个案例，建议不讲为妙。因为其中必定存在漏洞，经不起推敲，反而适得其反。最佳的故事就是亲身经历的事情。

（7）做出庄严承诺

培训课程开始时讲师就对学员做出庄严承诺："这次培训结束后，我能确保大家掌握 × 项提升自己能力的技术。"之所以做这样的承诺，是从一开始就要带给参训学员信心，也能抓住参训学员的注意力。承诺之后，在课堂的每个环节，适时地确认学员是否掌握了某项技术，从而说明讲师兑现了自己的承诺。

（8）引用数据

数据是最有说服力的，引用权威数据，可快速使参训学员不走神，专注于课堂内容，从而增加可信度。这里给一个建议：在利用或者引用数据的时候，一定要让数据变得非常有趣、有震撼力！如果你所引用的数据被人怀疑，也没有说服力，更没有趣味，那就可能导致开场失败。

根据以上内容，我们可知想要进行有效的开场，方法有很多。在实际培训中，由于每个培训课程有不同的特点和内容，培训师教学风格迥异，也因为每次培训的参训学员都不同，所以使用的开场技巧和方法千差万别。但无论怎么变化，衡量一个开场是否有效的标准是一样的。

3. 有效控场，确保成果输出

控场其实是培训师控制自己的过程，而不是控制学员。控制好自己为学员服务才是正确的选择。培训师控制好自己,把课程准备好,并正常发挥,自然会有一个好的课堂场面出现。一旦出现突发情况,只要培训师做好了准备,就不容易失控,确保每一次教课后学员有学习成果,使培训完美收场。

3.1 失控的场景以及失控原因

作为一名优秀的、有经验的培训师,除了要有一定的专业能力、授课能力外,控场能力也是培训师综合能力的体现。

培训中的控场是指培训师对培训场面的控制,在实际授课中,难免会遇到失控的场景。常见的失控场景有学员注意力不集中、学员和培训师争论不休、学员之间争论激烈、培训师处理问题不当、培训师面对意外手足无措等。具体如图7-4所示。

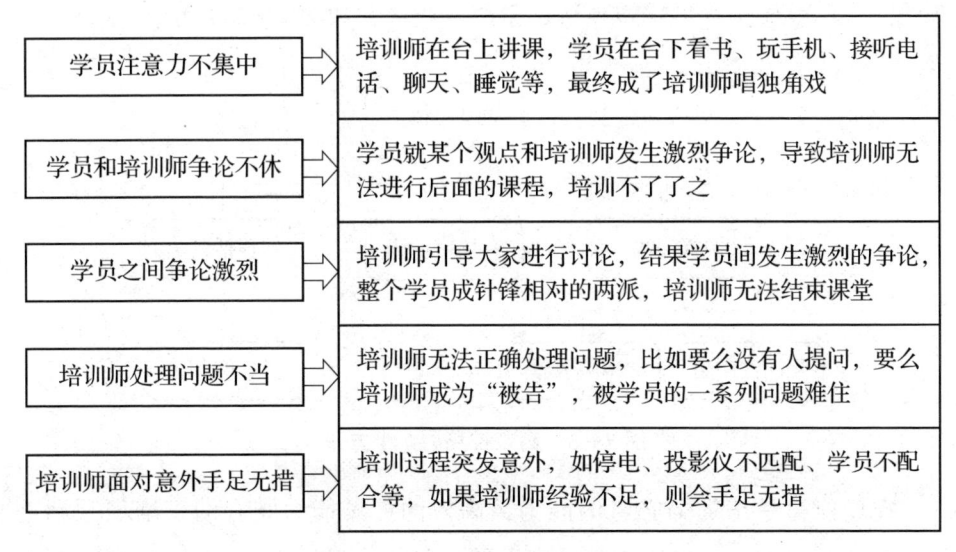

学员注意力不集中	培训师在台上讲课,学员在台下看书、玩手机、接听电话、聊天、睡觉等,最终成了培训师唱独角戏
学员和培训师争论不休	学员就某个观点和培训师发生激烈争论,导致培训师无法进行后面的课程,培训不了了之
学员之间争论激烈	培训师引导大家进行讨论,结果学员间发生激烈的争论,整个学员成针锋相对的两派,培训师无法结束课堂
培训师处理问题不当	培训师无法正确处理问题,比如要么没有人提问,要么培训师成为"被告",被学员的一系列问题难住
培训师面对意外手足无措	培训过程突发意外,如停电、投影仪不匹配、学员不配合等,如果培训师经验不足,则会手足无措

图7-4 培训现场常见的失控场景

通过上述五种失控场景，我们可以总结出造成场面失控的五种原因，分别是：第一种，培训课程主题不符合学员需求，无法引起学员兴趣，造成学员各玩各的尴尬场面；第二种，学员层次不一，容易与培训师或其他学员发生冲突；第三种，培训师不会正确处理相关提问；第四种，培训师的控场技能不足，无法进行有效的控场；第五种，组织后勤缺乏保障，发生意外造成场面失控。

3.2 进行有效提问，实现高效控场

在现实培训中，我们经常会遇到以上的场景，这都是培训师缺乏控场技巧和方法的典型表现。那么，如何高效控场呢？高效控场一般遵循三个原则：保持正确的心态；战略上藐视，战术上重视；专业第一，技巧第二。具体的高效控场方法主要有7个：区别对待法、提问法、自体靠近法、转移话题法、强调秩序法、形式转换法、紧急停止法，如图7-5所示。

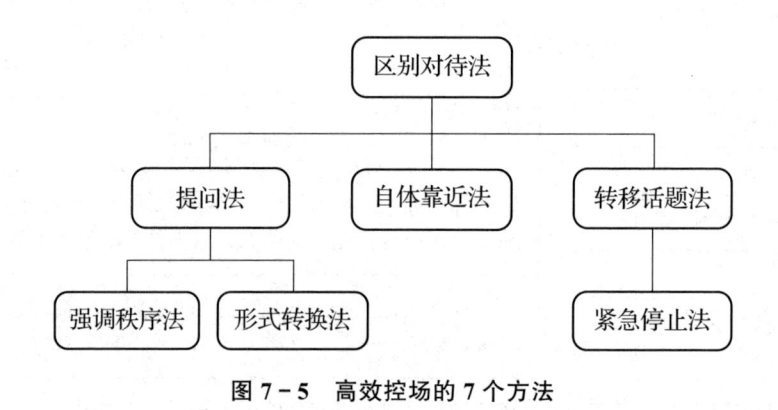

图7-5 高效控场的7个方法

控场能力是培训师必备的能力，高效的控场能力既有助于培训顺利进行，又能锦上添花。需要注意的是，控场是对培训现场的控制，而非对人

的控制，控场的目的是确保培训顺利进行，要尊重学员，并赢得学员的尊重。

上述方法中，提问法很常用，是培训师与学员沟通交流的桥梁，同时也可以让我们的培训达到以下目的：了解学员的培训需求；了解学员的知识水平；帮助学员更积极地投入到学习中去，检验学员的理解程度；帮助学员保持高涨的学习热情；引导学员讨论的方向，提醒学员的注意，引发学员积极的讨论。想运用好提问技巧，要结合四步骤引导法进行，如图 7-6 所示。

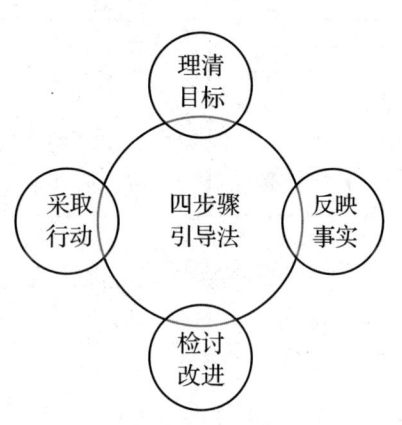

图 7-6 四步骤引导法

第一步是理清目标：弄清楚自己的目标到底是什么，通过什么方式达成目标。

第二步是反映事实：通过问题引导出事实情况如何。

第三步是检讨改进：通过检讨自己的行为，让学员自问自答找到自己的问题所在。

第四步是采取行动：知道什么样的行动才能改善现在的状况，如何才能达到自己的目标。

对于以上四步骤引导法的具体内容，我们通过一个案例进行详细说明。

一位年轻的丁主管被提拔，同期的同事不服气，工作有时不配合。丁主管权威不够，但又不能把关系搞得太僵，总是很无奈。我们运用四步骤引导法对这个问题进行分析，如表 7-6 所示。

表 7-6　　　　　　　　　四步骤引导法分析具体案例

原则	问题	说明
理清目标	你的想法和目的是什么	是学员自己的目标，也是老师要帮助的目标
反映事实	有老同事不服气正常吗？是我自己还是下属有问题	客观情况，不是老师认为也不是学员认为的情况
检讨改进	具体有哪些问题，主要的原因是什么？目前哪个对你最重要？还需要得到哪些支持	各种原因在一起，要去理顺、理清
采取行动	你会采取什么行动来改善？你希望的结果是什么	我们要的结果和改善方式是什么

方法的正确运用可以让我们的提问更有逻辑、更加清晰，当然这里是举例子，把问题全部梳理出来了，真正在现场应用时，从中选取几个问题即可。

3.3　应对冷场的有效方法

在培训的过程中，如果培训师的控场能力不佳，难以调动学员参与的积极性，学员就会对培训内容没有反应，从而导致现场冷场的局面。面对这种状况，可以采取相关应对方法。应对冷场的有效方法如表 7-7 所示。

表 7-7　　　　　　　　　应对冷场的有效方法

方法	具体内容
了解	开课之前了解学员的背景，预见学员的配合度和承受度，根据学员的认知运用自己的所学
观察	敏锐发现现场状况，同时发现哪位学员的表现是积极的。通过单点突破，让全场的气氛得到改善
互动	通过有效提问、上台分享的形式打破僵局
激情	培训师保持应有的激情，以热情感染和带动学员

在应对冷场的方法中,课堂互动控场是比较常见且有效的控场方法,一般有团队竞赛法和研讨法。

团队竞赛法是指通过团队 PK 的形式激发学员的学习积极性,让整个课堂气氛活跃起来,形成全员学习、团队参与的好习惯的方法。运用团队竞赛法,可以按宣布规则、团队建设、积分管理三个步骤,进行一次完整有效的团队竞赛。具体内容如表 7-8 所示。

表 7-8　　　　　　　　　团队竞赛法的三个步骤及内容

序号	步骤	具体内容
第一步	宣布规则	当我们把团队分好后,要制定一些规矩,根据自己的要求进行规则设定,让规则为己服务
第二步	团队建设	根据信念进行摆造型展示,并喊出自己的口号,使团队建设达到一个高潮,确认学员和团队是否都亢奋,并推动他们积极投入到学习中去
第三步	积分管理	在后期的培训过程中,讲师可以根据自己的课程内容、现场情况、学员表现给团队打分,进行分数的加减,让整体团队保持积极学习、主动学习的状态
	加分项	考勤、主动举手、闪光点、综合表现、守纪、回答质量、团队配合
	加分分数	5 级分数:一般事项为低分数、重大事项为高分数

另外,问题研讨法也是一个非常好的互动控场方式,研讨法由于参与性很强,被誉为"互动法之王",关键在于可以和很多方法结合,如讲解法、案例法、角色扮演法、游戏法,运用得当能产生很多群体智慧。运用好问题研讨法要把握好几个关键点:正确的问题引导、合适的时间、在关键的时间节点做出提醒、通过音乐营造轻松氛围、开始后不要随便讲话。掌握好这些技巧,会在一定程度上提高控场能力。

4. 紧扣主题，做到课程完美收场

课程不仅要有好的开场，结尾也要紧扣主题，做到完美收场。很多培训师都在研究如何实现震撼开场，却忘了收尾的重要性。良好的开场可以引发学员的学习兴趣，而完美的结尾也能激发学员的学习欲望。

4.1 培训结尾的重要性

培训临近结束时，由于培训中有太多的内容，很有可能部分学员模糊和遗忘了主题，这时候应做一个总结，可以再次强调主题，给学员留下深刻的印象，实现课程的完美收场。

培训结尾的重要性主要包括两个方面：一是突出重点学习内容，在课程即将结束的时候，用简短的话突出重点，可以帮助学员更全面、更牢固地掌握培训内容；二是呈现课程精华，通过提炼培训内容中的核心观点和思想，让学员知道本次课程学习的真正目的，带给学员积极的力量。

根据笔者总结的经验，需要摒弃的结尾方式如下：

（1）陈腔滥调式。"非常高兴今天能跟大家分享关于如何进行一次成功的销售的培训课题，谢谢大家。"这样的结尾过于俗套，显得毫无诚意和创意。

（2）无尽的迷宫。在课程的收尾阶段，培训师还不断地提出各种新的问题，让学员们陷入了无尽的迷宫中，难以凸显此次培训的主题。

（3）戛然而止。"好的，我们今天就讲到这吧，谢谢。"突然结尾容易让学员不知所措，感觉这个培训师很随意，难以对学员产生号召力和影响力。

（4）严重超时。原本半天的课程，却因为培训师把控时间不准，导致培训课堂下课时间一拖再拖，影响学员们的其他安排。

（5）道歉式。"不好意思，今天的课程可能大家听得不怎么过瘾，希望下次再和各位交流。"以类似这样道歉的方式进行收尾，容易凸显出培训师的不专业。

（6）提出新观点。在课程即将结束时，培训师突然提出了一个新的观点，与之前的课程内容不相符合，容易让学员产生混乱和质疑。

那么到底怎么样才算是完美的结尾呢？一般来说，完美的结尾需要具备如下特征：

第一，前后呼应。培训课程开头讲的内容，在结束时重复进行说明，如此使得课程前后呼应。既凸显了培训课程的主题，同时也让学员们加强了对培训内容的记忆。

第二，体现创造性。在结尾时，可以以让学员朗读、猜谜语、做游戏、歌曲等方式来结束课程，制造一些新意，让学员对培训课程充满新奇。但是，创造性的活动也不宜太多，要注意培训场合，适当使用。

培训课程结尾的技巧包括以下内容：
- 提示要点，重复当堂学习内容中的重点
- 留出时间给学员进行提问
- 强调本次课程学习的重要性
- 为个人的发展提供课题和介绍参考书籍
- 留下联系方式
- 用结束语表达对学员的感谢
- 让学员填写评估表

培训师在结尾时还有一些应该注意的事项：不要提出课程中没有出现的新内容；注意控制结尾的时间，不要过于拖沓和啰唆，15～20分钟最为合适。

4.2 常用的一些结尾方法

一般来说，常用的一些结尾方法包括六种，如图7-7所示。

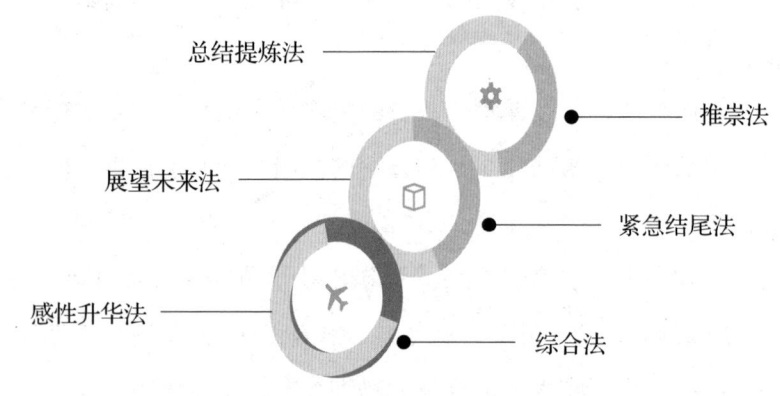

图7-7 常用的六种结尾方法

（1）总结提炼法

在课程快要结束的时候，对课程内容进行总结，强化重点，或者对前面没有涉及的重要内容进行补充，将所讲内容前后连接成一个整体，然后有力地结束。注意：总结时应该简单明了地把培训内容提炼出来，而不是全部复述一遍。

"到现在为止，我们已经把今天要讲的内容全部讲完，大家一起来回顾总结几个要点。"

（2）展望未来法

展望是给大家对未来的希望，通过展望美好蓝图，激励学员，促使他们去努力奋斗，获得好的未来。

"这两天我们学习了'管理者的五项技能'，这是我们作为管理者必备的五项能力。在全球一体化的竞争环境中，未来充满了挑战，同时也有更多的机遇，一定会有更多卓越的管理者脱颖而出，相信那就是在座的你们。让我们共同努力，再创辉煌！"

（3）感性升华法

通过讲述一个与主题相关的故事或是引用某些权威的话语和著作来强化内容，既回应主题，同时又给人以积极的力量，加深学员的印象。

"大家都看过《西游记》，最后取真经时，佛祖说：'给他们最上等的佛法。'取走后，唐僧他们走到半路，一看都是白纸，其实那是真的，是最上等的佛法。大家虽然都不懂，但是也知道，佛法的最高境界是空，空就是没有，所以什么都没有才是最高的佛法。当然他们看不懂，是凡人，所以再传的佛法，其实是次一级的佛法，就不是最高佛法，而是工具，是参悟佛法的工具。得到了真正的法，工具就不需要了。教育培训无定法，有的只是工具，得到了真正的方法，工具就可以扔掉了。"

（4）推崇法

在本次培训课程快要结束时，引出后续的培训内容，让学员产生一种期待感，吸引学员积极参加后面的培训。

"我们这两天培训的主题是'目标与计划管理',这是一个管理者必须掌握的最基本的技能。今天我们学习了目标的重要性以及如何进行目标管理,还有计划管理和执行没有学。那么到底该如何实现从目标到计划到执行呢?咱们明天继续。今天的培训到此结束,明天再见!"

如果一个培训课程是由几个老师共同完成的,前面的培训师在授课结束后要推后面老师的课程。

"我们这两天培训的主题是'目标与计划管理',这是一个管理者必须掌握的最基本的技能。那么是不是掌握了这个技能就能成为一个卓越的管理者呢?不,这还不够。作为一名管理者,除此以外,还要能够识人、用人、留人。这也是我们本次课程的主题之一。这部分课程将由非常优秀的黄老师为大家讲授,黄老师在企业用人、留人方面深有研究并且见解独到,相信会为大家带来非常重要的启示。那今天的培训到此结束,明天精彩继续。"

(5)紧急结尾法

紧急结尾法通常是在时间不够或有突发情况必须结束课程的情况下采用的方法。紧急结尾法的模式:总结+推崇法。这要求培训师在最短的时间内总结曾经讲过的内容,并对临时取消的内容进行推崇,然后结束。紧急结尾法本来是在紧急状况下采用的方法,但在实际培训中经常会遇到,可以提高培训师的应急反应能力,因此也是必须掌握的一种方法。

(6)综合法

综合法就是将几种结尾方式综合运用。综合法是运用得最多、最广的一种结尾方式,同时它也是最容易掌握的一种结尾方式。

事实上，培训课程结尾的方法远远不止上面所说的六种，培训师要根据实际情况采用不同的结尾方式，举一反三，做到课程完美收场，让学员带着信心离开，使培训产生真正的效果。

5. 复习回顾，使培训内容记忆深刻

巩固培训效果的最佳方法之一就是给学员们留出时间，复习已经讲过的内容。实际上，复习过的内容被记住的可能性比没有复习过的内容要大5倍，复习能够使学员把信息"保存"在他们的脑子里，对培训内容记忆深刻。

5.1 巩固复习的策略技巧

在对培训内容进行复习回顾的时候，为了加深记忆印象，常常会采取有利的策略，如使用活动挂图、幻灯片等工具进行复习。

使用活动挂图或幻灯片复习，可以激励学员对培训课堂中活动挂图或幻灯片的内容进行评论，这样可以有效地帮助学员复习所学的内容。运用该策略，应按照以下步骤，如表7-9所示。

表7-9　　　　使用活动挂图或幻灯片复习的一般步骤

步骤	具体内容
1	在培训课结束之前，把活动挂图翻到起始页或演示第一张幻灯片
2	要求学员们回忆这张挂图或幻灯片讲的是什么内容；进行提问：为什么这个问题很重要？谁能举例说明？这个对你有什么价值？

续前表

步骤	具体内容
3	继续进行提问，直到复习完所有的课程内容（或者根据时间和学员们的兴趣控制复习的过程）
4	在复习所有内容的过程中，不时地进行最后的总结

在实际操作过程中，可不进行全体复习，而是分组复习，将学员分成两人或多人小组讨论挂图或幻灯片的内容。如果学员人数少于十人，可以请学员们聚在挂图或幻灯机周围，自己动手复习所学的内容。

需要注意的是，不要让学员感觉复习像一次测试，像被监视一样，培训师可以在学员复习的时候离开教室，让学员自由合理地安排时间。

另外，可以通过学员重述的策略为学员提供一次总结所学内容并向大家展示的机会，这是一种让学员们复习培训内容的好方法。运用好该方法，可以按照以下步骤，如表 7-10 所示。

表 7-10　　　　　　　　学员重述复习策略的一般步骤

步骤	具体内容
1	告诉学员，如果由培训师对讲课内容进行总结，那就违背了主动学习的原则
2	把学员们分成 2~4 人小组
3	要求各个小组对培训内容进行总结。鼓励各组利用提纲、思维导图或其他形式把自己的总结传达给其他学员
4	利用下列问题引导学员： 我们研究了哪些主要话题？ 今天在课堂上提出了哪些要点？ 你今天有些什么样的经历，从中获得了什么？ 通过这次培训，你得到了什么观点和建议？
5	鼓励各个小组分享自己的总结，为他们的努力鼓掌

根据以上步骤，培训师对参与学员进行分组，并提供一份当天课程的提纲，要求学员填写在培训中涉及的细节，在讨论总结后，由每组派一人说出培训的要点，通过重述达到复习巩固的培训效果。

此外，对培训内容进行复习的有效办法还有学员对培训的重新思考。重新思考是：培训师在培训开始之前就询问学员们对培训主题的看法，然后在培训结束的时候，请学员对这些看法重新进行评价，以加深对培训内容的记忆。相关步骤如图7-8所示。

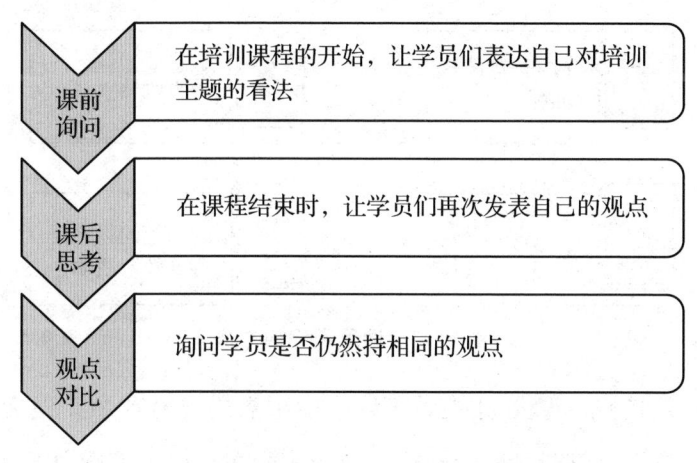

```
课前询问 → 在培训课程的开始，让学员们表达自己对培训主题的看法
课后思考 → 在课程结束时，让学员们再次发表自己的观点
观点对比 → 询问学员是否仍然持相同的观点
```

图7-8　对培训内容重新思考的一般步骤

如果学员对培训主题的观点前后不一致，可以组织学员们讨论改变观点的原因，在讨论的过程中，培训师可以帮助学员再次回顾培训内容，达到巩固的效果。

5.2　设计回顾课程，做好知识巩固

许多培训师都会在培训课程结束后进行回顾，如果能用创造性的方法对

所学知识和技能进行回顾，学员可以清楚地记得课上知识，即使在很长时间之后也能有印象。

要用创造性方法打好基础，就要找出其与回顾信息之间的关联，让学员轻松回顾。设计回顾课程时，也要考虑不同学员的学习习惯，鼓励学员看回顾资料，当有人提到的时候能很快地找到准确信息，要求学员回想课上做的笔记时需要回顾活动。回顾课程的方法一般有PPT棋盘游戏回顾、纸牌游戏、学习站、"回答问题并留存卡片"活动。具体如图7-9所示。

A	PPT棋盘游戏回顾
B	纸牌游戏
C	学习站
D	"回答问题并留存卡片"活动

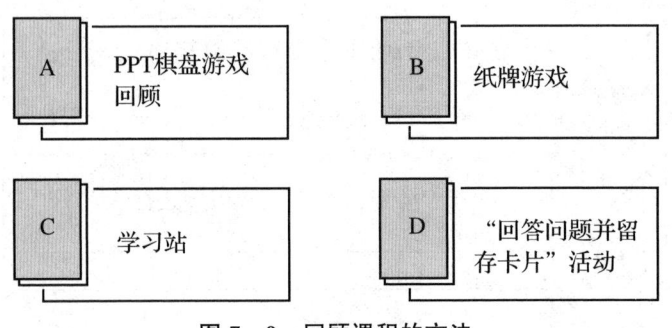

图7-9 回顾课程的方法

面对大量信息，学员可能对培训中的重点内容有印象，但无法完全记住，培训学员只有不断巩固学到的知识，才能在今后的工作中更好地发挥指导作用。

要使学员获得巩固的知识，复习这个环节尤为重要，做好复习应从以下几个方面考虑。

（1）重视复习环节

在培训教学中，学员年龄明显高于学历教育学生，学员的理解能力远大于记忆能力，所以，即便是理解了的材料，依然会遗忘，必须安排复习，使学员不断重复学习。

复习一定要注意方式，复习并不是过多地布置作业或进行大量的课堂练习，盲目地增加复习量，致使学员负担过重，这种方法得不偿失。复习应该是使学员在新课中复习旧课，有更多的计划去应用知识，最终在短期内获得较多的知识。因此，培训师应根据教学目标及任务，安排并指导学员有计划地复习学过的知识。

（2）复习方式要多样并给予指导

复习不等于机械重复，可以采用多种多样的方式，这样可以避免学习的枯燥性。在学习内容与其他有关的知识之间建立新的联系，可以使掌握的知识更牢固，更灵活。采用阅读与重现交替进行的方法进行复习，这对知识的巩固很重要。

真正使知识得以巩固的关键还在于对记忆方法的指导及合理地安排复习。一般而言，分散复习的效果要好于集中复习。分散复习是间隔一段时间再进行这部分内容的复习；集中复习则是对同一部分内容连续不断地进行复习。集中复习比较单调，类似的或相同的刺激千篇一律地多次作用于大脑，容易引起大脑皮层的疲劳。而分散复习可以使大脑神经细胞得到交替休息，从而保持旺盛的精力，节省复习时间。

根据记忆规律，遗忘有先快后慢的特点。对于需要记忆的培训知识内容，第一、二次复习间隔时间不要超过2天，第一天复习的主体内容一定要在第二天重复，时间可多用些，以后可隔3天、6天、20天再相应地复习记忆几次，时间可相对少些，即可形成长时记忆。也就是说，对于同一内容的复习，分散复习的间隔时间开始应该短些，以后可以逐渐延长。参照记忆方法合理地安排复习时间，可以使学员对培训内容记忆深刻。

6. 复述教学内容，提升学习效果

复述教学内容（交互教学）是一种有效的教学策略，叙述一个事件或概念可以极大地强化我们对教学内容的记忆，当我们每次向他人精细复述信息的时候，相关教学内容的记忆就得到了巩固和扩展。

6.1 深度加工，对抗遗忘曲线

一定程度上来说，学习就是记忆。我们通过对学习内容的记忆，构建起知识体系和核心技能，实现成长。最重要的不是你学习过什么，而是你记住（掌握）了什么。对于学习，最大的天敌就是遗忘。

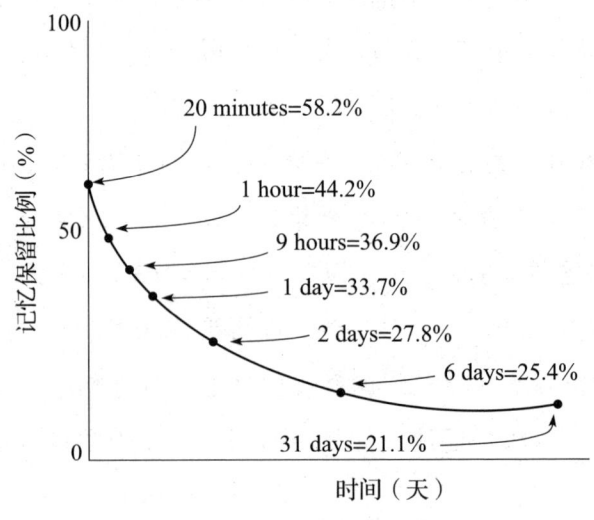

遗忘几乎是伴随着学习开始的，德国心理学家艾宾浩斯提出的遗忘曲线直观地向我们展示了遗忘规律，如图 7-10 所示。

图 7-10 艾宾浩斯遗忘曲线

观察遗忘曲线，我们可以得知，遗忘的过程是由最初的快速忘记到后面的缓慢忘记，如果不抓紧复习学习的知识，六天之后掌握的知识就只剩下原来的25%了。

成年人因生理原因，记忆能力有所下降，但是成人有较为丰富的人生经历和阅历，会对学习的内容有经验、做比较，理解和吸收较快。认知心理学提出了"加工水平理论"：信息编码的方式决定了记忆效果，对一个事物的加工程度越深，就越有助于你对事物进行记忆。

1974年，心理学家鲍尔和卡尔林利用被试人员对人面部照片所呈现的信息的加工能力，对加工水平与记忆效果之间的关系进行了研究。

在实验中，实验者给被试呈现了一系列人的面部照片，然后要求被试对每张照片上的人脸作出一定的判断。实验者要求一部分被试对照片中人的魅力进行判断，一部分被试对照片中人的诚实性进行判断，最后一部分被试只需要判断照片中人的性别。

判断完所有的照片后，实验者让被试对照片进行再认测验，检测被试对照片的记忆效果。结果实验者发现，对照片进行了诚实性或魅力判断的被试的再认成绩高于对照片进行性别判断的被试的成绩。

实际上，对照片中人的性别进行判断是比较简单的任务，无须深度加工，而对诚实性或魅力的判断，则需要经过较深的加工。被试人员在深度加工的过程中加强了记忆，获得了较高的再认成绩。

案例中的实验证实了信息加工程度对记忆的影响。在记忆的过程中，创造条件对信息进行深度加工，可以帮助成年人克服遗忘给学习带来的困扰。

在进行成人教学时，我们除了采取丰富的教学方式外，还应该在课堂中给学员提供更多的互动交流及实践演练机会，邀请学员分享自己的经历或者向其他学员解释培训的概念内容，在学习中把成人的各个感官调动起来，帮助成人实现对学习内容的深度加工，强化记忆。

6.2 精细复述，建立自己的记忆联系

精细复述是指用言语重复之前学习并识记的知识，从而巩固记忆的操作过程。学习内容在复述的作用下，保持在短时记忆中，并向长时记忆转移。通过复述使短时记忆中的信息得到进一步的加工和组织，使其与预存信息建立联系，从而有助于向长时记忆的转移。

科磊公司的全球学习总监格伦·休斯认为，采用"精细复述"策略能够取得最好的学习效果。

"我想这可能是我个人比较喜欢的学习策略。很多人称赞我记忆力很好，我甚至能够说出20年前去日本时见过的庙宇的名字；我甚至能够记住很多电影的台词和字幕；同样地，我能够记住课堂学习的内容、事件以及说过的话。直到我看到有关'精细复述'的文章后，我才理解了这是为什么。当我学到某个内容时，我做的第一件事就是去解释给其他人听。

培训后回到家，我就会告诉我的妻子，'嘿！我今天参加了一个培训课程，这是我所学的……'。周末，当我打电话给我父亲时，我又提到了这个培训课程，然后又告诉他很多其他的我刚刚学到的东西。然后我会拿起笔，在白板上用图形画出这些知识，同时分享给我的同事。

有人会对我所说的东西提出质疑，他们逼迫我理清自己的思路，同时给了我很多想法。当然，在我和他人分享我的所知、而他人给予反馈时，其实

我同时拥有了两个人的体验。

　　这就是我在48小时之内针对任何重要的学习经验'编织'知识的方式。我和很多人交流，甚至使用不同的媒介工具来记录，将不同的想法进行关联。会发生很多有趣的事情，它们来自你的人际网络，每个人都会给你带来意想不到的收获。当然，学习会变得非常容易，学习的转化也不是那么难了，因为你一直在不断地转化。

　　这也许是我个人认为从学习经验中总结出的最重要的一点。我所经历的整个过程，实际上就是'精细复述'的学习策略。"

　　通过精细复述，学员可以建立自己的记忆联系，这远比单纯讲师讲授的方式要有效果得多。当然，在建立记忆联系的过程中，也需要学员积极参与，自己去思考学习内容的意义，以及这些内容与自身经验和过往知识之间的联系，从而提高学习效果。

第8章
行为转化

学习培训完成之后的行为转化是很多企业关注的重点，也是学员学习过程中的难点、痛点。学习管理者除了做好学习内容、方法的建设，还要帮助学员更好地把学习内容转化为实际工作中的应用与行动。

1. 在学习与工作之间建立联系

从学习到行为转化的过程中，最关键的问题就是如何让学员们把学习的内容与工作实践相联系、相结合。如何有效地激发员工对通过学习改变自身行为的积极性将是解决问题的关键。员工应该成为改变的自我发起者，而不是被动的接收者。

1.1 在培训学习与工作之间建立强关系

学习管理者要把培训学习做好，就应该让培训学习更加贴近学员们的实际工作，而不是对学习培训与工作之间的割裂不管不顾。

以下场景很多人可能都遇到过：

场景1——某学员在课堂上对老师说："我觉得好无聊，你们怎么还在讲这些老掉牙的企业案例？我几年前就在网上看过了。"

场景2——某经理听了该企业邀请的一位知名教授的讲课后说："我再也不去上这种课了，我只想解决一个实际问题，而他整整讲了一天，我的问题根本没有得到解决。"

在网络发达、信息过剩但时间稀缺的今天，培训师到底该讲些什么？综观中国企业培训，把"有用"作为校训并真正做到"有用"的企业大学少之又少。其问题之一是滥讲通用知识，忽视对当前企业存在的问题的精确诊断，忽视对个人具体问题的分析与解决。要想解决这个问题，学习管理者需要更加重视培训学习与工作实际之间的关系。

正确认识学习与工作的关系，是帮助学员自主将学习内容转化为实际行为的关键。场景化学习能够最大限度地还原业务场景，提高业务与学习培训之间的协同效应。但企业在运用场景化学习的同时，也应该注意让学员正确认识学习的作用，并建立起学习与工作之间联系，在这种联系的强化中帮助他们更持久地将学习内容应用到工作中。

笔者曾经参与对一家乳业公司的员工的调研，问他们更希望拥有什么样的学习培训。很多人都谈到过去的培训效果不太好，因为培训的内容不但过于书面化，而且并不贴近学员的实际情况。很多人在培训过程中不容易集中注意力，培训之后对培训内容忘得很快。很多员工希望培训的内容与形式都能够"接地气"，让他们更方便地了解相关的知识与技能如何在具体情况中合理地运用。他们同时也提到，建议公司准备各类培训资源，当员工感觉到需要的时候，再去针对性地学习，而不是让所有人吃"大锅饭"，因为每个人面对的情况会有一些差异，每个人关注点也会有差异。

正如案例所展示的，实际上学员对于建立自己工作与学习内容之间的联系也是非常关注的。他们一方面希望学习培训的内容能够切实地指导他们开展具体工作，成为他们的"经验指南"；另一方面，他们希望学到的知识内容是自己在工作过程中迫切需要的。

因此，培训要贴合工作，要能够精准解决企业当下存在的问题。学习不仅要贯穿组织的战略制定，还要落实到每天的实际操作上，即有条不紊地将学习植入企业所有流程，在企业流程下管理学习。一旦学习活动与企业业务实践结合起来，学习带来的变化将显而易见。

摩托罗拉非常重视员工培训工作及其系统的建立，并将其作为企业发展战略中重要的一部分。摩托罗拉一贯认为：员工是企业最宝贵的资产，只有给他们提供各种培训机会并给予发挥的空间，才能释放其最大的潜能，从而培养出一支优秀人才队伍，以不断满足公司在全球范围内日益增长的业务需求。

为此，公司每年为培训工作投入了大量的人力、物力和财力，并规定每年每位员工至少参加40小时与工作有关的学习。学习内容包括新员工入职培训、企业文化培训、专业技能培训、管理技能培训、语言培训及海外培训等。摩托罗拉还积极推广电子学习，公司要求每个员工每年至少要自学8个小时。

摩托罗拉大学是一所摩托罗拉专为公司内各事业部、客户、员工及合作伙伴设立的教育培训机构。基于公司的发展要求，摩托罗拉大学从公司可持续发展的角度出发，为公司建立了一套完整、先进的员工培训与培养体系，该体系包括培训需求分析、培训设计、实行培训和培训评估四部分。相应地，摩托罗拉大学设置了四个职能部门：客户代表部、课程设计部、培训信息中心及课程运作管理部。这四个部门承担着这个体系的运行，源源不断地为公司各事业部提供着一流的培训课程。

基于现有的流程体系，对接实际的工作场景和学习活动，既能够快速改善业务痛点，解决实际问题，也符合学员改进工作方法和提升绩效的需要。

　　培训与工作实际的贴合程度就决定了培训的价值。培训学习没有贴合工作就是对牛弹琴。学习管理者可以通过以下三个方面更好地分析如何协助学员们加强培训学习与工作之间的关系：

　　第一，致力于解决企业关注的问题。各业务部门领导对企业目前所遇到的重大问题有亲身经历，在他们的位置上能更好地了解企业的全局，准确把握学习培训应该讲什么的问题。因此，学习管理者或者培训部门应该建立与各业务部门领导定期沟通的机制，通过对中高层的调研访谈，了解目前企业内部关注且迫切需要解决的问题。

　　第二，致力于解决学员的共性问题。学员工作中普遍存在的共性问题，对企业组织的运营有着极大的影响，必须优先考虑给予解决。因此可以通过问卷、访谈等形式了解学员当前工作面临的难点，从中发掘学员们的共性问题，并策划相关课程加以解决。

　　第三，致力于解决企业发生的问题。问题不能只依赖于员工或部门领导反映，学习管理者还要拥有独立的问题发掘渠道。学习管理者应该客观地去了解、调查企业出现了哪些问题，再针对性地设计培训内容。

　　了解上述问题可以通过以下渠道，如表 8-1 所示。

表 8-1　　　　　　　　　调研企业问题主要渠道表

形式	内容
OA 通报	集团 OA 通报、业态内部通报
媒体事件	媒体曝光事件、舆情监控报告
各类大会	产品研讨会、业务月度会等
复盘	问题清单、复盘报告等
各类报告	安全监督报告、研究部评审报告、审计报告等

学习管理者通过以上方法就能够在课程建设上对准企业和学员需求，强化培训学习与学员工作之间的关系，为学习转化打下坚实的基础。

1.2 提前沟通，引导学员签订"应用契约"

行动学习协会的洛奇·金博说过："我们需要从一开始就坦率地告诉学员我们对他们的期望。如果我们期待他们会将所学到的知识用于工作中，从而使提高绩效成为可能，那么我们必须从一开始就明确这一点。"

心理学家也发现，一个人一旦做出了承诺，或者公开地表明了自己的立场，那么，他今后的行为也会在承诺的范围内进行，这就是心理学上的承诺一致性原理。著名心理学家多伊奇和他的团队以大学生为测试对象，他们的实验证明，那些事先未曾公布自己看法和决定的被试者有着更高的从众率，很容易改变自己的立场；而公开承诺过自己看法和决定的人则十分坚定，不容易被动摇和影响。

人都有一致性原则，也就是说人类往往都有一种几乎强迫性的愿望，希望自己的行为与已经做过的承诺保持一致。因此，在学习培训开始前，学习管理者应该跟学员们沟通好学习培训后他们希望能达到的效果，并签订相应的"应用契约"。这份契约将会给予学员们清晰的目标感，持续激励学员们朝一个方向努力。同时，企业应该将培训要求提前告知学员们。

华为大学在华为内部进行独立核算，各个业务部门的学员去华为大学需要进行市场化"签约缴费"，从而保证学员们不会无偿利用资源，更好地聚焦学习内容。华为大学的高研班，甚至要求学员们自己出学费，请事假参加培训，来保证学习效果。

华为大学非常看重学习培训的"应用"实战，每次培训都会有具体的要求。华为大学的特色就是训战结合，夺取作战胜利。学习培训跟应用作战，在华为大学看来就是一件事，这也是对所有学员的要求。在华为大学参加学习培训，一个星期至少要考3次试。培训结束之后，学员一定要能够通过案例或者沙盘把学习内容讲清楚才能通过考核，最终拿着学习成果回到工作岗位一边实践，一边反思改进。

对于培训学习来说，企业希望自己的员工能够非常自觉地吸收和消化培训所讲的内容，可是这对很大一部分的员工来说是具有挑战性的。考虑到学员们面临的真实情况，这种"应用契约"在学习培训中也是必要的。"应用契约"所包含的关键点有：本次学习培训所包含的主要内容；公司希望通过学习培训达到的目标。

在开始学习培训前与学员们沟通好"应用契约"将要作为课程内容的一部分，也能起到调动学员们积极性的作用。与大部分"被动参加"的培训不同，学员们在提前得知课程内容在培训完还有应用考核后，会自然地想道：这不是一次简单的"听课"，"我"得认真点对待，"我"需要通过最后的应用考核。签订契约，会让学员们紧张起来、兴奋起来，从而达到刺激、调动学员情绪状态的效果。

签订"应用契约"后，学习管理者还应该在培训中营造"考核"的氛围，保证学员们在学习过程中能够不断地意识到"契约"对他们有一定的约束力。

表8-2　　　　　　　　华为培训工作的评价与考核

层级	评价和考核内容
第一层级	评价课堂的满意度，通过反馈表了解学员在培训过程中的体验好不好

续前表

层级	评价和考核内容
第二层级	评价知识技能的学习效果，通过测试检查学员对知识技能的掌握情况
第三层级	通过学员调查，以及对学员的领导进行调查，了解所学课程在学员的实际工作中是否在用，或者说是否有用
第四层级	学员接受培训以后是否提升了业绩，结果导向是否达成

华为的培训工作特别讲究投资回报率，要考量培训内容是否结合岗位实际，并实现了员工的行为转变和业绩提升，见表 8-2。华为一直强调培训工作要产生价值，要为结果买单，也就是这样的一套逻辑。

很多企业在培训工作中，能做到第一、第二层级就已经算做得很深了，再没有后续的跟踪了解。华为对培训工作的高要求，对培训管理者和学员都是一种积极的督促。

1.3 促使学员改变对待学习的心智模式

彼得·圣吉将心智模式定义为"根深蒂固存在于人们心中，影响人们如何理解这个世界，以及如何采取行动的诸多假设、成见、逻辑、规则甚至是图像、印象等"。

人们拥有不同的心智模式会让他们面对同样的事情做出截然不同的行为。

米芾是我国宋朝著名的书法家。他小时候跟着村里面的先生学习书法，学了三年字仍然写得很平常，先生就不再教他书法。但是米芾不甘心，还是渴望把字练好。

一天村里面来了个进京赶考的秀才，米芾听说他的字写得好，就去向他请教。秀才让米芾写一些作品给他看，米芾很快就写好了，带过去给秀才看。秀才看后就说，教你写字可以，不过你得用我的纸，五两纹银一张。米芾咬咬牙，从母亲那求得五两纹银给了秀才。秀才收了钱，给米芾纸，让他回去写。

米芾拿到纸后，迟迟不敢下笔，一直望着字帖琢磨。秀才午饭过后来看米芾写的怎么样了，见他还没动笔，就笑着说："你琢磨这么半天了，写一个给我看看！"米芾非常谨慎地写了一个"永"字。秀才见米芾有很大进步，说道："写字不但要动笔，更要动心，你现在算是懂得写字的窍门了。"过了几天秀才要离开村子了，他把五两纹银还给了米芾。米芾把这五两纹银一直放在自己的案头，提醒自己铭记秀才对他的教育。

心智也可以理解为人们对事物的认知及其反应。我们学员对待学习培训的心智模式通常是"这是公司下达的一项任务，我配合公司把这项任务完成就万事大吉了"，实际上无论是培养学员建立工作与学习的能力，还是引导学员签订"应用契约"，都是希望能一步一步改变学员的心智模式。我们希望学员们对待学习的心智模式是"学习内容对我的工作能够有所帮助，我非常乐于使用这些知识技能来提高工作业绩，提升自身的工作能力"。

如何改变学员对待学习的心智模式呢？我们可以从了解、分析、总结、练习四个步骤来开展工作，如图8-1所示。

第一步：新的心智模式需要新的信息与材料来填充完善，通过了解到

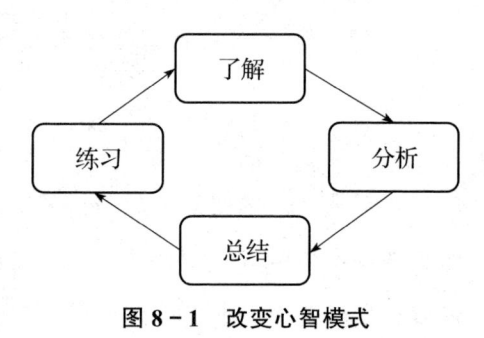

图8-1 改变心智模式

的新的情况、新的环境来反思过去存在的问题。

第二步：在了解完新的材料、情况后，我们需要对这些信息进行分析，并以此建立起我们面对新情况的思考框架。

第三步：在众多的思考分析中，我们再总结出解决问题必要的、常用的方式方法。

第四步：最后通过反复的练习，将新的方式方法融入、固定到我们的心智中。

实际上米芾改变自己心智的过程就运用了这个模型，如表8-3所示。

表8-3　　　　　　　　　　米芾心智模式改变过程

序号	步骤	行为
1	制造压力	秀才让米芾用五两纹银来买纸改变了他对于书法练习这一过程的心理认知。之前米芾觉得写字可以随意、快速，没有"成本"压力。而在花了钱之后，他开始变得慎重
2	改变心态	开始慎重地对待书法练习这件事之后，他就开始认真分析每一个字的结构到底是如何设计的，怎么写才能把字的美感表现出来
3	行动变化	当秀才让他写一个出来看看时，他选择了"永"这个最能代表书法变化的字，通过这个字总结性地展示自己的变化
4	心智认知	最后当秀才离开村子的时候，他把五两纹银还给了米芾。米芾把这五两纹银放在案头勉励自己记住这一经历，以后更加认真地对待每一次练习

学习管理者可以利用上述四个步骤，进一步设计具体改变学员心智模式的方法与活动，例如让员工"碰壁"、深度会谈、情景演练、换位思考等。

一旦学员们改变了自己的心智模式，他们就能从正确的方向思考，也能做出正确的行动，最终达到期望的效果。

2. 明确学习目标，界定学习转化

有了明确的学习目标，学员就有了努力的方向。对学习转化进行明确界定，企业才知道学员在走向目标的路上走了多远。

2.1 为学员制定有效的学习目标

人们常说有目标的人更容易成功，因为目标给人方向感，能够提高人的积极性。在学习的过程中，制定一个有效的学习目标，能够帮助学员认清需要重点关注的内容，提高学员们的学习动力。

制定学习目标的过程中让学员参与进来，让学员表达他们的想法，能够提高他们的积极性。同时学员参与制定学习目标的过程就相当于一个承诺，这个承诺将会成为他们完成目标的基础动力。总体来看，我们制定学习目标有三种方法。

第一种方法：由公司的部门与相关经理协商制定学习目标。这种方法，能够较好地满足公司对于学习目标的把控。缺点是员工参与度不高，可能员工积极性较低。

第二种方法：由学员所属部门经理、人力资源部门与学员们共同合作来制定学习目标。这种方法的好处是能充分反映各方的意见，相对更容易得到认同。同时员工接受自己"制定"的目标后，会更好地提高完成目标的自主意识。缺点是，如果制定学习目标的过程中各方分歧过大，可能影响后续的学习效果。

飞利浦CEO万豪敦曾说："设定目标并不困难，如何找到一个有实践意义的目标却不容易。而且这个目标还需要争取得到团队中每一个人的赞同,做到这一点是最困难的,毕竟众口难调,一个人有一个人的想法。"

由学员与公司培训部门及经理协商制定目标的方法,需要特别注意两个要点。首先,制定目标过程中应该保证学员与其他领导或部门应该是平等的地位。只有各方认同大家处于平等条件下,制定出来的目标才能使各方真心实意地认同。其次,应该有充分的沟通对话。这样是为了保证各方的意见得到足够的互换、讨论,提高目标的合理性,提高各方对制定学习目标意图的认识程度。

第三种方法:由学员们自行根据实际工作中遇到的困难,制定能够解决具体问题的学习目标。这种方法的好处是能够充分调动学员们对学习的"自主性",并且目标会更贴近实际工作中的情况。缺点则是,这种方法存在目标设定难度较低的可能性,同时学员们可能考虑不周全。

笔者曾经帮助一家地产公司设定培训目标,学习管理者在制定学习培训目标或者指导学员制定学习培训目标时,可以参考表8-4的思路。

表8-4 学习培训目标设定表

教学主题	地产公司多城市投资进驻筛选策略		
教学方式	案例式教学	时长	2小时
教学对象	市场投研人员、投拓人员		
案例用途	案例教学,使学员能够在众多的城市中有效梳理出具备投资价值的城市并规避风险		
学习目标	掌握城市筛选的方法(市场比较法、漏斗筛选法、城市地图制作)及规避风险(城市风险、板块风险、时序风险)的方法		

方法掌握	方法一：市场比较法，从地州市面对的不同政策环境（限购、限价、限签、棚改等）及地货比入手，对比分析差异，阐明进驻地州市的优势，为投资战略布局调整提供理论依据及数据佐证； 方法二：数据库工具运用法，收集整理地州市历年的重要经济指标、房地产运行指标，提供分析素材。全面分析，重视数据，做数据沉淀，做大数据基础面，并将其作为有效理论依据来源； 方法三：漏斗筛选法，通过一系列典型维度，诸如棚改力度、房价水平、供需关系、进驻时机等淘汰投资价值不大的城市及城市板块； 方法四：政策摸底法，对地州市预售政策、金融政策进行有效摸底，积极寻找合作伙伴；关注周期，及时应变，实时地调整投资策略

虽然学习目标一直是教学设计的一部分，但没有引起人们足够的重视。在实际学习过程中，对于学习目标也常常不了了之，没有具体、量化的指标。这是很多企业经常遗漏的部分，因为我们有时候很容易将学习美化和理想化，认为学习不需要设置这些"条条框框"。挑战性目标和相应的激励机制不仅在组织内司空见惯，这类策略同样适用于学习活动中。

2.2 定义和评估学习转化

学习的根本目的是转化，是运用于实践，而运用的场景在具体的工作中。

培训师要帮助学员在实践中实现知识转化。日本的野中郁次郎提出了知识创造的 SECI 模型，他将企业知识划分为隐性知识和显性知识，隐性知识和显性知识在企业创新活动的过程中互相作用、互相转化，知识转化的过程实际上就是知识创造的过程。知识转化有四种基本模式，如图 8-2 所示。

第一，社会化。由隐性知识到隐性知识的社会化是人与人之间在生活工作中，交流和分享彼此心得、经验、行为模式，了解彼此的感觉和思想等隐性知识，进而达到创新隐性知识的过程。教学中，教师在讲授时，通过有技巧的引导，能充分挖掘学员原有的经验及智慧，在安全放松的场域里，学员们通过交流和分享，互相了解，容易实现隐性知识的创新，实现知识的社会化。

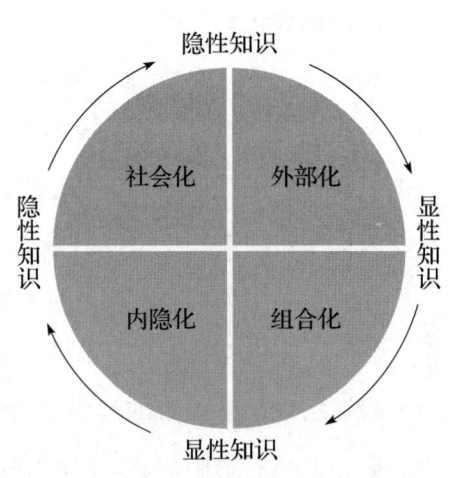

图 8-2　知识创造的 SECI 模型

第二，外部化。由隐性知识到显性知识的外部化是通过有意义的交谈，具体表达隐性知识，将隐性知识结构性地概念化，使隐性知识呈现为显性知识的过程。教学中，教师通过案例研讨、头脑风暴等学习形式引导学员进行深层次探讨，对探讨结果进行归类梳理，整理出共识和规律性的东西，就是实现隐性知识外部化的过程。

第三，组合化。由显性知识到显性知识的组合化是将许多外显的观念或知识和现有的知识进行系统化连接，扩大知识基础，形成新的知识体系的过程。教学中，教师引导学员对外化的知识进行深度讨论，进行提炼、补充、完善，利用线上网络、文件与资料库等资源对知识进行融合，形成完整系统，就是实现知识组合化的过程。

第四，内隐化。由显性知识到隐性知识的内隐化是学习新知识，将显性知识转化为新的隐性知识的过程。教学中，教师可以指导学员以观摩或演练等实践性学习方式不断练习，来实现知识的内隐化。

SECI 模型指出经由这四种模式的循环性运作，螺旋上升，可有效地将个人的知识移转到组织之中，扩大个人与组织的知识基础，并创造出更丰富的知识。

企业制定完学员们的有效学习目标后，还需要确认公司对学员学习培训后的表现如何进行评估。评估结果既是培训考核的反映，同时公司也能将评估结果反馈给学员们，供他们参考，需要改变的就可以做出相应的调整，有利于企业指导学员们不断提升自身能力。

罗伊·波洛克认为在企业背景下应将学习转化定义为"在工作中应用学习内容以实现绩效改善的过程"。波洛克认为直接用培训后是否达成绩效改善目标，就是一个非常适宜的评估方法。

这种方法最大的好处是，非常贴近学员工作的实际，评估考核的指标简明直接，有利于推动企业的业绩增长。

一家上市公司的老板在一档创业节目当老师。在教授完竞争战略这一课程后，他给参赛选手们布置了一项应用所学知识的考核任务——用一天时间帮助街边商贩提高销售量。

其中一位选手负责帮一位老婆婆卖当地的特色食品，这位选手想的办法就是要走差异化的路线，打造品牌。于是他就给老婆婆的食品起了一个颇具特色的品牌名，并且帮助老婆婆做了很多区别于其他商贩的标识物料。整个摊位显得有了一些特色。

另外一位选手的任务则是去帮助一位老大爷卖皮衣。这位选手在路边，又是吆喝，又是自己做模特试穿，把老大爷的摊位摆弄得还挺热闹，来来往往的人关注的也不少。

从最后的结果来看，卖皮衣的选手收获了更多的销量增长。比赛完了之后，创业老师点评两位选手的时候认为第一位选手做的事情本身并没有错，但是选手不能忘记考核指标是提升销售量，而不是品牌打造；与他相反，第二位选手根据实际情况采取了更接地气的行动，有效地达成了提高销量的目标。

从案例中我们可以看出，如果我们在培训前已经定义了学习转化的目标，那么在评价学习转化成果时，就要按照预先设定的目标来展开。否则，培训将失去了它原本的意义。同时，如果需要根据学习转化成果评定学员的学习等级或进行评奖评优，忽略预先设定的学习目标，则是对学员的不公平。

另外，学员在学习培训之后的实践中面对的情况也会与培训讲授的背景情况有出入。一方面学习管理者要评估学员是否运用了学习到的内容，另一方面学员只有将评估与业绩目标紧密结合才能取得更好的实际效果。

3. 在案例引导下输出自我经验

企业自身拥有的经验对于学员们来说具有最生动的说服力，但大部分企业在学习培训的过程中没有很好地利用这一点。学员们从企业之前的案例中学习经验，然后不断地开展实践活动，最终还能与公司分享自身的经验，这样一套循环的过程，能够尽可能地沉淀属于企业自身的经验方案。

3.1 分享标杆员工的成功案例

学习目标的达成，需要合适的方法。一方面，学员们都会有自己的一些常用的方法。另一方面，学员们若是能够有参考学习的对象，就能更快地抓住要领，帮助自己成长。

心理学研究表明，人是最具有模仿性的生物。绝大多数人的行为都是通过模仿他人而产生。在这种情况下榜样人物的行动将给其他人提供十分重要的示范与激励作用。

余承东一开始在华为运营商业务工作时就展示出了与众不同的个性与做事方法，并且取得了出色的业绩。这让任正非对他非常看好，所以当华为决定大力发展终端业务时，任正非决定将此重任委托给余承东。

华为刚开始做手机业务的时候，业务发展并不顺利。手机业务与运营商业务有很大区别，一个是To B，一个是To C，两者的业务模式以及目标人群都截然不同，运营商业务更讲究技术能力的实用性，而终端产品更带有品牌个性化的因素影响。任正非正是看中了余承东与众不同的一面，才希望他能够作为华为终端业务的标杆人才，把他的气质注入华为终端之中。事实证明，余承东做得非常出色，在他的影响下，华为终端的业务发展思维有了很大的改变，终端业务也取得了骄人的成绩。现在华为不仅在中国手机市场销量第一，P30 pro更被人们誉为高端"机皇"。

这种方法也就是我们常说的以点带面的方法，学习管理者通过标杆人物的典型示范作用带动普遍层面的工作改进。日常生活中，这种方法用得非常多，无论是在各个单位评选的优秀人物分享他们的优秀事迹时，还是在单位对典型案例进行通报时，这种方法都受到了广泛的认可与应用，企业与组织都会利用身边的典型案例进行宣传与教育。

为了更好地发挥标杆员工的行为牵引效能，组织还可以积极引导各部门标杆员工来分享他们自己的成功案例，以此来督促员工自主学习，创造绩效贡献。具体来说，向标杆学习的活动有以下三种。

第一，标杆员工和大家分享自己的工作经验。可定时或者不定时地让标杆员工为全体员工介绍自己的经验。演讲的人不需要太多，三个到五个为宜。演讲的题目，可以从具体的事情入手，不要谈大而空的话题，要让每个员工都讲出他在学习过程中的经验以及取得的成果。这样一方面是对标杆员工的学习成果的认可，可以对他们起到激励的作用；另一方面，他们对于学习的态度和做法对其他的员工来说也是一种激励。

第二，请标杆员工做培训。在新员工培训时，除了让培训专员对公司的历史、现状、未来发展做介绍外，还可以请优秀的员工，就某一个方面、某一个项目向新员工介绍经验，这样也能达到激励的效果。

第三，对标杆员工的成功案例进行适当宣传。学习讨论榜样事迹，是将宣传活动进一步深化的表现。通过讨论和互相学习，以平等的身份交流心得，企业内部和部门之间会形成良好的学习氛围，从而起到良好的激励效果。

公司内部其他员工的成功案例通常都是学员们最合适的标杆案例，不但因为学员与公司员工所处的背景情况、工作状况十分地接近，而且公司员工作为学员身边的一员，会让学员觉得这种经验"触手可及"并且具有更加贴近自己的"真实感"。学习管理者在学习培训的过程中，应该注意充分利用公司的优秀员工作为标杆，同时鼓励优秀的标杆员工发挥自己的影响力，带动整个团队向更优秀的方向前进。

企业的学习对象也并非只能局限于公司内部，外部的优秀榜样也应该是组织的学习对象。在学习对象上，华为人从来都没有将"榜样"局限于公司的尺寸之地，除了对内部的优秀学习者表现出足够的尊重并许以丰富的奖励外，华为同样重视那些能够为华为员工树立良好典范的外部人员。

3.2 培养学员辨识情境的应用能力

培养学员们对于学习知识的应用能力，最关键的两个问题是什么情况下用和怎么用，通俗说来就是怎么灵活运用的问题。

标杆员工分享了他们的成功经验，但这些经验是不是对所有学员、所有场景都适用呢？如果不是，那应该在哪些场景下应用呢？这是值得每个学员去仔细思考的问题。因此，仅仅只有好的学习培训内容是不够的，还要特别注重培养学员根据实际情景灵活运用相关知识内容的能力，既要掌握知识点的"原理"，又要能根据特定的情景选择出合适的用法。

具体在学习过程中培养学员辨别情境的应用能力可以分为3步，如图8-3所示。

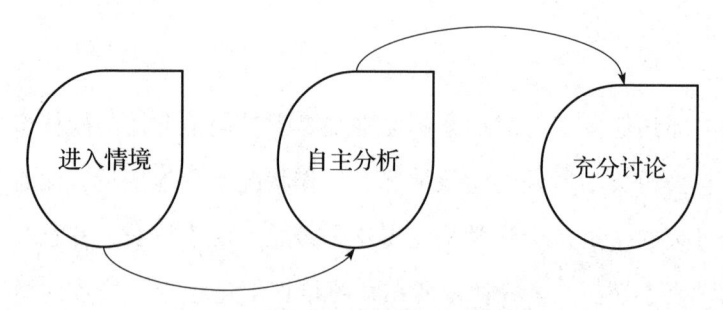

进入情境 → 自主分析 → 充分讨论

图8-3 培养学员辨别情境的应用能力

进入情境：首先得让他们在具体的情境中进行思考与学习。虽然场景化学习中会有针对性的案例情境，可那毕竟还不足以直接匹配学员们直面的情况。因此学习管理者有必要提前跟学员们沟通,要求他们把实实在在遇到的困难与问题带到学习培训中。要不断地提醒他们,他们的情境是怎么样的,他们的困难是否可以通过这些知识原理来解决。

自主分析:在场景还原中学习管理者会提炼出案例相关的知识点与原理。但是这些内容,在培训过程中尽量不要直接点出,而一定要坚持问题导向,根据成人学习的原则引导学员们自己总结提炼,鼓励他们充分考虑自身面对的具体情况。学员在学习过程中了解到的经验都是通过大量的情节与事件积累而来的,若是缺少了学员们结合自身情况自主分析、辨别案例应用的过程,那么提前总结好的原理与知识点也会非常容易被生搬硬套。

充分讨论:学员之间进行充分的讨论,相互提示、检验各自的分析与应用是否符合实际情况。所有人都在不断的学习过程中成长,每个人面对的情况会有不同,只有经过相互的补充与讨论才能得出更完善的结论。

学员需要通过间接经验记住哪些东西有用,哪些东西没用,然后在以后遇到类似情境时,能够从记忆中检索出有用的经验,从而顺利解决问题。

3.3 让学员分享自己的成功故事

纸上得来终觉浅,绝知此事要躬行。学习培训的目的就是希望学员们能够从培训中获得解决问题的能力。这种能力是不能脱离实际经验的,学员们在培训之后必然要投入到实践之中去检验自己的成果。对于取得成功的学员们,学习管理者应该提供机会让他们分享成功经验。

谷歌的首席人才官拉斯洛·博克在《重新定义团队》一书中介绍了谷歌的学习培训建设。他谈到,谷歌最好的授课老师就是员工们身边的人。这些人的回答会更生动,他们更了解公司的具体情况,也更熟悉员工的具体情况。

万达学院的培训理念是"来万达学院学习的人人都是老师,真正的学生只有一个,就是万达"。万达学院希望能够聚集万达内部成千上万的员工的智慧,帮助万达更好地发展。

万达学院在实践过程中发现,沉淀企业智慧的最好的方式就是讲故事。故事具有更好的情感感染力,也具有更持久的影响力。万达学院在这一方面,做了三件事:让学员分享自己的"万达故事",通过学员去影响他身边的万达人;请业内的大咖到课堂上讲"万达故事",提高学员对于万达的认知;把优秀的"万达故事"拍成视频,用纪录片的形式进行生动的展示宣传。

通过分享学员的成功经验,企业能让学员自己以及公司其他员工在多方面受益。

第一,这是学员在通过培训取得积极成果后向经理及培训部门表示感谢的一种方式。企业各个部门之间的工作都是需要相互支持、相互协助的,一次分享活动不单能够拉近分享学员与培训部门的关系,也会让其他学员感受到培训部门对于他们的工作支持。

第二,这将促使学员对自己过去取得的成绩进行回顾与整理。企业也常说要对企业过去的发展做回顾、做审视。这种回顾是为了思考过去的哪些做法是正确的,哪些做法是错误的,哪些有侥幸的因素。我们站在事情发生的原点,所了解的信息是不全面的,很多信息可能是后来才能了解到的。因此回顾与整理有助于学员总结经验,更好地重新出发。

第三,其他学员将受到激励,并向成功学员学习。看着身边的人一步一步取得胜利的果实,这是最鲜活的经验。离我们有一段距离的人,我们不常将自己与他们做比较。可是近在身边的人，常常成为我们第一时间对比的对象，成功学员给身边其他学员带来的激励是最大的。

第四，这也是企业培训活动取得的成果。成功学员自身的培训成功经历，也能够沉淀成为公司宝贵经验的一部分。任正非就曾经说过，企业自身经验的浪费是企业最大的浪费。优秀学员的经验，都是公司的财富。

学习管理者如何组织成功学员的经验分享活动呢？学习管理者可以收集其他学员感兴趣的问题连同其他经理或者培训部门认为重要的问题，发送给成功学员。成功学员根据实际情况一一进行回答，并列举自己认为较为重要的案例。问题可以包括如下内容：

你可以分享一个将学习应用到工作中的例子吗？
你是在什么情况下应用的？
你的绩效是如何提高的？
这些应用实践为你的业务带来了哪些好处？

必要情况下，学习管理者可以将这些问题的回答内容与案例进行编排梳理，形成一个整体性的书面文件并将该文件与其他学员分享。

也可以在所有学员时间充足的情况下，组织一次线上或者线下的"重聚"分享。这种形式更活泼，情感上的感染力更强，也会有更多讨论的机会。同时作为一种双向的交流，成功学员也能够借此机会从自身的角度思考更多其他人的困惑。

一位学员，从学习企业的标杆员工，到实践应用，再与其他学员分享自己的成功经验。一步一步地，新的学员也成为新的标杆。这种良性循环能够不断地激励一批又一批的学员在榜样面前前进，在实战中成长。

4. 为学习转化提供相关支持

课程内容决定了学员们对于知识技能的吸收程度，但学员们要想把所学的知识转化为他们实际的业务表现还需要更多的帮助。学习转化的效率同样深刻地影响着学习培训的效果。

4.1 学以致用才能实现预期目标

学习培训是为了提高学员们的能力，改善业务成绩，而不是为了让学员们体验一堂似有所获的课程。罗伊·波洛克认为：

学习 × 转化 = 结果

从这个公式中可以看出，影响转化结果的因素有两个，除了个体的学习内容也就是学习能力之外，转化能力也是影响结果的一个重要因素。在学习过程中，即使学习量是 10，如果转化量是 0 的话，那么最后相乘的结果依然是 0。

在实际的组织学习过程中，很多企业仍把重点放在学习内容上，而忽略了转化内容。他们认为只要把学习内容做得足够深刻，足够有吸引力，就可以达到理想的效果；一旦学习效果不显著，则是学习内容出了问题，完全联系不到转化的过程。

在学习能力和转化结果上，任正非强调，不论一个人掌握了多少知识，能力有多大，如果他对公司没有贡献，就没有任何意义。任正非做了一个形象的比喻：一个人有一肚子的墨水，但不产生绩效，就如茶壶里的饺子，倒不出来也是不被承认的。

太多的学习管理者，过于注重课程内容本身的质量，将过多的资源与精力放到了课程内容上，而缺少了导向实践的部分。他们认为只要设计了丰富的学习体验，就可以为学员提供学习转化的动力。诚然，学习管理者把学习培训的课程内容设计得丰富完善是非常重要的，但是我们也应该注意到本章所强调的，学习培训最重要的目的是要让学员们把学习内容转化成为实际应用。

但是在目前的组织个体学习过程中，由于缺乏高层管理者的支持，加上学习参与者对学习结果不负责任，把正式学习仅仅当作一次性活动，导致学习动力不强，学习效果不显著，渐渐使得个体学习变成一种任务，而不是自发性的自我提高行为，最终导致效率低下的现状。

同时，学习参与者"我就是我的职位"的思想根深蒂固，甚至对与职位相关联的部分都漠不关心，只关注当下的有效性，缺乏长远规划，对培训更加丧失信心。面对这种情况，需要从两方面抓起，一方面改变员工对培训的认识，另一方面改善学习环境。

事实上，华为会给员工提供很多学习的机会，包括去海外工作的学习机会，华为内部的培训和学习交流平台，甚至有收费学习的华为大学，这些无时无刻不提醒着华为员工自主学习，抓住机会实现自我成长。

同时在组织学习的过程中，员工对待培训学习的态度还受到多种因素的影响，主要包括四个方面，如图8-4所示。

另一方面，还要注意改善学习

工作中自我改变的能力（包括时间、精力、心理、空间等）	从事的工作要能够为员工提供机会来应用新技能和新知识
学习过程中，员工需要感受到培训内容的关联性、有效性和实用性	学习设计和课程必须以应用为主，而非理论内容

图8-4　影响员工对待培训学习态度的四个因素

中对个体产生负面影响的环境因素。环境因素主要包括上层领导、同事、下属以及奖励系统。其中，上层领导对组织学习的影响主要体现在其对学习的关心和支持力度方面；同事、下属的影响体现在个体发生学习变化时，他们对其的反应状态；奖励系统主要指的是员工学以致用后是否得到该得的奖励。

只有从改变员工对培训的认识和改善学习环境两方面入手，才能逐渐改善目前组织中个体学习状态不佳的局面，让学员能够真正学以致用，实现培训的预期目标。

4.2 为学习转化提供相关支持

事实上，很多学校都是把理论和实践相结合来进行课程安排的。这是因为，具体的实践有利于个体对言语记忆信息的掌握，可以加强个体的记忆效果。

医学院的课程安排通常是理论课与实践课穿插进行，经常是两节理论课后安排一节实践课。实践课通常是到系统解剖室接触具体的实物，比如学骨头时就到解剖室摸骨头，学人体器官时就到解剖室参观人体器官。

学校这样安排是为了加深学生们对理论课上学到的知识的理解，加强学生们对知识的认识与记忆。

从理论上来说，这是一种把记忆信息运用到操作中的记忆方法，从利用的广泛度来看，这种方法可以在帮助人们理解信息的基础上有效促进人们对言语知识的记忆。

为了提高学习培训的转化效率，除了帮助学员们不断地练习、实践他们所学的知识内容之外，学习管理者还应该从多个维度给予学员们相关的支持。

帮助学员提高学习转化效率是多方的责任，企业需要建立责任共担的机制。企业内的业务管理者通常认为学习培训是培训部门的责任，他们明确知道学习培训非常重要，可是他们仍然认为学习培训的工作主要由培训部门开展，业务部门是培训的"需求方"。

培训部门则认为，培训之后的学习转化就只能靠业务部门与学员自己摸索，他们对此无能为力。他们关注的重点是如何保证学习培训的内容能够合理有效地对学员们产生影响。学员们上完了一堂精心准备、内容翔实的课之后，培训部门的工作也就大功告成。

在华为，任正非则强调各级管理者都是人力资源管理的第一责任人。学习转化的工作确实需要业务部门、培训部门的紧密合作，由他们共同承担支持学员们提高学习转化效率的责任。除此之外，支持工作还涉及多个部门的衔接与协作，企业内部共同出力就一定能把这一环节做好。

因此，学习转化的支持工作可以从多个方面考虑：

第一，激励支持。企业为积极在工作中实践学习培训内容的学员制定适当的标准，及时给予他们奖励，督促他们反复实践。培训部门也需要协同业务部门的领导与同事，在日常工作中给予学员鼓励与支持。

第二，资源支持。相关的培训费用与资源，也不能够只集中于授课阶段。在培训后的练习与实践阶段，培训部门同样应该投入资源与费用，为学员们创造合适的实践条件。

第三，应用机会。业务部门管理者应该为学员提供或创造实践应用的机会。以前不属于学员的工作，可以放手让他们尝试练习。没有适合他们直接尝试的，应该带着他们参与，给他们机会思考，听听他们的想法。培训部门也可以协同业务部门，给学员布置相应的课程作业来实践巩固所学内容。

第四，沟通与指导。在学员们的实践过程中，培训部门与学员及业务部门的管理者都应该就练习与实践的情况及时进行沟通。业务部门反映学员们在培训之后的情况，培训部门则针对这些情况与合作的培训咨询讲师、业务部门、学员的工作合作者展开讨论与沟通，给予业务部门和学员一些指导意见。

第五，记录与考核。记录学员们在培训中及培训之后的关键数据与关键行为事件，为业务部门工作的开展提供数据支持，同时将其纳入学员的成长档案以供企业了解学员的学习成长经历。记录还将成为学员在练习与实践考核中的内容依据之一，用于调动学员积极性。

英国航空公司曾遭遇连续两年的大幅亏损。为了让公司尽快摆脱这一糟糕局面，当时新上任的总裁科林·马歇尔对公司进行了认真的考察和分析，并得出结论：服务质量欠佳是这一问题的主要原因。对此，马歇尔在公司上下展开了一场以提升服务质量为宗旨的大规模培训行动。

培训固然是好事，但有的员工并不喜欢培训，或因为工作繁重而拒绝培训。针对这种情况，科林·马歇尔采取了以下5方面的措施：

1. 在进行培训之前，尽可能多地向员工提供培训信息，让员工了解：培训是为了提升他们的能力和绩效，而不是挑出他们的不足；

2. 让员工了解：培训会给他们带来职业生涯等方面的收益；

3. 让员工了解自己在技能方面存在的不足，并从培训计划中获知培训内容与改善他们自身不足之间的联系；

4. 允许员工根据自己的喜好选择参加培训的方式，并根据大多数员工的实际情况安排培训时间；

5. 在员工日后的工作中，安排一些他们可以应用到新技能的机会。

在这些措施实施后,员工的抵触情绪渐渐发生了改变,他们慢慢地理解并接受了公司的培训计划,不但积极地参与各项培训,还将培训的效果充分应用到实践当中,在短短的时间内就将公司的服务质量提升了一个档次。不久后,英国航空公司一举成为世界上最受欢迎的航空公司之一。

根据卡尔霍恩·威克的研究,学习转化率低的关键原因是,培训之后的练习与实践环节容易与课程内容脱节。所以培训之后的支持工作至关重要,提高了培训之后学员们的应用条件与应用能力,学习转化率自然就能够得到有效提高。而对于这一部分的支持工作,也正如上文所述,需要企业内部多方合作、携手发力才能达到最好的效果。

4.3 营造学习转化氛围

麻省理工学院的奥拓·夏默博士研究发现,决定组织业绩外在表现的深层次影响因素其实是企业的内部状况。对这种内部状况的综合感受,我们常常称之为氛围。一个企业的组织氛围能对员工产生最深刻、最长久的影响。不同的氛围带来了不同的影响。

学习总是在固定的场域开展,而作为场域中的主体,每一个人的行动都会受到行动所处场域的影响。

美国哈佛大学医学院教授尼古拉斯·克里斯塔斯基和加利福尼亚大学圣迭戈分校教授詹姆斯·福勒共同完成了一个"快乐传染"实验。

他们对研究被试进行了一项长达20年的跟踪实验,分析了4 739位居民的5万条社会关系。结果发现,幸福感的传播不仅可以超越嫉妒心,还能传递到三重关系以外的朋友。这就是说，快乐的情绪能够感染亲友、邻居和室友等和自己打交道的人。他们根据统计的结果进行了估算，发现如果社交网络中的一个人感到快乐，其朋友和兄弟姐妹感到快乐的可能性分别增加了9%和14%，室友和邻居感到快乐的可能性则分别增加了8%和34%。

氛围是能传染的，好的群体氛围，可以让群体成员之间产生联结感和归属感。在这种氛围下，个体更愿意敞开心扉交流和分享，对组织中的其他人也能产生较强的包容力，在互为促动的氛围中，组织和个体的目标都更容易实现。因此，学习管理者要想把学习培训工作做成一个企业发展长远的基石性的工作，在企业内营造一种学习转化的良好氛围是必不可少的。

良好的氛围不是一朝一夕可以形成的，同时也不是企业1～2个部门可以决定的。在一个企业内形成良好的学习转化氛围，是企业的整体战略要求。企业可以从以下维度开展工作。

（1）形成重视人力资本的文化

21世纪最重要的竞争就是人才的竞争，21世纪最宝贵的资源就是人才。这些话很多企业家、学习管理者都听过，也都认同，可是大部分人却不能好好地践行这一观点。当员工被企业当作无足轻重的棋子，或者当作可以大量补充消耗的资源的时候，员工们很难感受到自己的价值，也就会对学习是否能够提高自身价值产生了困惑。

马云在湖畔大学2019年的开学仪式上这么讲道："在来湖畔之前，很多人可能关注产品、关注融资，要么空谈理想，要么天天想赚钱。但是到了湖畔，你要超越这些东西。什么是公司的产品？公司的产品是人，人不提升，员工不提升、干部不提升，产品哪怕提升，将来也会掉下去。一个企业，要看你的人才培养和训练体系有多好，这个很关键。"

只有企业重视人，把人力资本当作公司的主要"产品"对待，用工程师做研发的态度去重视培养人才，提高公司人力资本时，整个公司才能形成好的、重视人力资本的文化。这种文化能够让员工的价值得到认可，员工也会对自身的能力与价值更加关注。员工一旦更加关注自身的能力与价值，就能够更加主动地深度参与学习培训，更加用心地提高自身学习转化的效率。

（2）建立互相尊重和谐共处的员工关系

企业、团队只有建立了员工之间相互尊重、和谐共处的氛围，全体人员才能充分地团结合作，心往一处想、力往一处使。如果团队成员之间相互轻慢，矛盾重重，没有信任感，那么在这个团队之中即使是小的摩擦处理都将极大地耗费团队成员的精力，工作开展受阻，学习转化更是无从说起。

某汽车制造企业曾经有一位非常出色的年轻研发工程师，技术能力非常优秀，得到了部门领导的高度赏识。于是领导决定提拔他到一个生产车间去做管理人员，帮助解决生产过程中的问题。可是他去了车间一段时间，生产问题没有得到好的解决，车间的生产效率以及质量还有所下降。

之后部门领导去车间了解情况才知道，这位年轻的工程师对自己的学识和技术非常自信，于是他对车间的劳工师傅们的生产经验不够尊重，造成双方关系紧张。同时由于确实缺乏实际经验，他个人也没有很大的信服力，这更加剧了这种紧张的关系。一段时间之后，大家的生产积极性也因为紧张的关系而遭受打击。最终部门领导只好把这位年轻工程师重新调回研发部门钻研技术。

企业建立了良好的员工关系，才能让员工把更多的精力投入工作，与此同时员工才有足够的精力提高自身的学习转化。

（3）帮助成员树立成功的信心

员工的心理状态会影响学习的效果。如果员工对于在学习活动中取得成功没有信心，就难以调动自身学习的积极性，更提不上学习的应用。根据墨菲定律，我们知道事情如果有变坏的可能，不管这种可能性有多小，它总会发生。也就是说，在工作中，当我们面对困境时，如果我们认为自己不行，那么，到最后便很可能真的会不行。

著名社会心理学家阿尔伯特·班杜拉指出，自信心的多少直接关系到一个人自我效能感的强弱，而自我效能感则是指个体对自己是否有能力完成某一行为所进行的推测和判断。也就是说，在能力相等的情况下，越自信的人，其自我效能感便越强；而自我效能感越强的人，工作效率则越高，获得成功的可能性也就越大。那么，如何让员工建立起信心呢？

麦肯锡人十分注重自信心的塑造与培养，在这方面有独到的心得体会。在麦肯锡，资深的咨询顾问们喜欢将信心比作"一座需要播种、滋养和除害的花园"。

第一，树立信心需要用心播种。

麦肯锡咨询公司创始人马文·鲍尔指出："良好的企业愿景和个人愿景对于员工信心的塑造起着至关重要的作用，即便我们仅仅只是让成功愿景的种子在内心发芽，我们也已经在信心构筑方面迈出了坚实的第一步。因此，我们必须学会，创造并不时地回顾愿景，以此来构建并保持信心。"

第二，培养信心需要不断滋养。

曾任麦肯锡董事长兼总裁的李·沃尔顿直言："世界上没有不需要空气

和肥料、阳光和水分便能够肆意生长的花园，毫无疑问，自信心也是需要照料和浇灌的，每当我们在咨询活动中的成果被客户所接受，或者工作得到了同事和领导的正面反馈，我们便会更加坚信，自己已经找到了获得成功的途径，而信心也会因此而更加充足起来。"

第三，保卫信心需要定期除害。

麦肯锡资深董事约翰·麦库默常常对他的下属说："信心的花园很容易被贪婪的害虫搞得一片荒芜。这些蚕食自信心的害虫多种多样，有居心叵测者对你的贬低，也有过度的自我责难等等，了解这些害虫并且去除它们。自信心才能得以永驻。"

除了以上方法外，麦肯锡人还提倡多动头脑、多运动，保持身体的健康，聆听动感活力的音乐，并且充分享受休闲的时光。如此，也能够为自信心的培养提供沃壤。

我们看到，信心并不是凭空产生的，需要我们有方法、有意识地进行培养。学习和工作都是如此，当我们对自己极度不自信时，做起事情来往往容易畏首畏尾，执行效率自然低下，而低下的效率又会导致我们更加不自信。如此一来，就成了恶性循环。

反之，如果我们拥有一个自信的好心态，相信自己目前所做的事情能带来预想的效果，做事情就会尽心、尽力，在这样的前提下，往往就能把工作做好。就像萧伯纳所说的，唯有有着充足信心的人，才可以化渺小为伟大、化平庸为神奇。

同时，企业需要鼓励管理者们支持员工的成长及对学习内容的实际应用，提高员工们自身的自尊自信，鼓舞他们的士气，给予他们机会。纸上谈兵是无法快速有效地成长的。但是企业也应该注意，既要给他们提醒与警示，还要鼓励他们大胆行动。有的员工得到相应的机会与权力之后，反而异常谨慎，前怕狼后怕虎。这很可能是因为企业平时没有给予员工们足够的正面鼓励，员工在企业中还是顾虑太多。这种情况同样是员工关系不够和谐的表现，在和谐的员工关系中，顾虑是可以通过沟通与交流缓解甚至解决的。这些问题都解决了，员工能够自如地在工作中施展拳脚，学习转化的氛围也一定能够得到很好的营造。

5. 用足够练习强化培训效果

课程学习只是学习培训的一部分内容，另外一部分则有赖于学员们通过训后练习来充实。要想达到出色的学习培训效果，在培训之后进行充分的练习是每一个学员都必须通过的考验。

5.1 制订详细的训后任务计划

学生们接受教育的时候，通常都是白天上课，晚自习有计划地针对白天所学内容进行练习。一旦放假了，各个科目的老师都会安排相应的练习题。学校会在每个月结束时组织全年级的月考，班级内部也会在每周组织相应的阶段性测试，整体练习计划安排得非常紧凑与详细。学生们对这些计划安排也有非常清晰的认识。

大部分人都承认，对于公司提供的学习培训，他们的学习效率远远低于自己学生时代的学习效率。这不仅仅是因为，工作之后这部分人变得更加忙碌，精力分配有限。更重要的是，企业对于训后活动的关注不够，没有详细的训后练习任务的安排与计划。科学研究表明，人们若是定期地对所学内容进行复习、练习，就能够显著地提高对所学内容的记忆与转化，如图8-5所示。

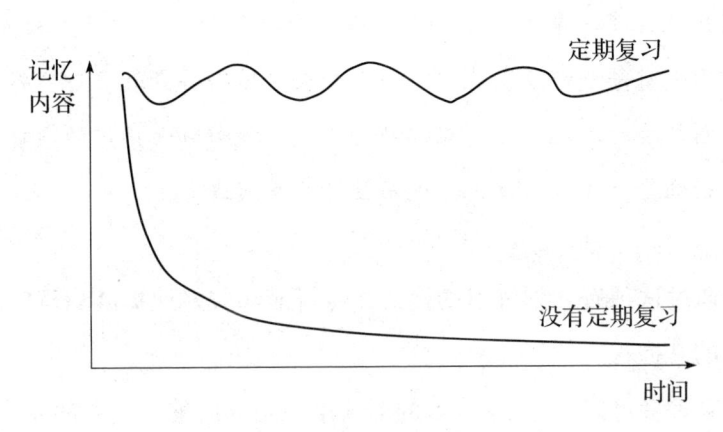

图8-5 定期复习记忆效果图

哈佛医学院的一系列研究表明，如果把定期复习的方法和更加具体的应用任务结合起来会产生非常好的效果。如果学习管理者，能够在培训过后持续给学员们提出关于学习内容的问题与任务，就能够极大地提高学习培训效果。

因此学习管理者应该充分利用这一规律，对学员们的"课后作业"进行相应的规划与安排。

阿里巴巴钉钉的地面推广团队非常强大，他们对学习培训的要求也非常严格。经过集中统一的培训之后，这些地面推广团队的员工们会收到总部统一制作的钉钉营销话术教材。教材里面对钉钉的每一个部分的功能都有详细的介绍，对关键要点都进行了提炼，并且对每一个功能的介绍都有专门的示例。同时对于面对面的营销的开场白、结束语等衔接过渡的内容也有详尽的提炼。也就是说从见到顾客到离开顾客，相应的关键点、示例话术，都非常明确地提供给了学员。

之后，钉钉会要求学员们在一定时间内了解并熟练掌握所有话术。每过一段时间，就会要求学员拍摄相应部分的介绍视频作为训后考核的一部分。钉钉会明确给出每一部分表达要点的得分表，根据得分表，钉钉将会给学员们一段时间之后的表现打分。在这种要求下，各个地面推广的学员们会相互练习，讨论哪些地方需要改进，进而最终争取通过考核。

正是通过这种有计划练习的模式，钉钉能够较好地提高学员们对于相关营销内容的掌握程度。

学习管理者可以参考表8-5的形式来规划训后练习任务的安排。

表8-5　　　　　　　　　训后练习任务计划表

工作职责	知识技能	练习活动	评估标准	考察方式	时间/频次
销售	话术	角色扮演	要点得分	视频/当面考察	每周考察一部分
设计办公	PPT制作	主题制作	要点得分	领导同事评议	每两周一次
……	……	……	……	……	……

丹尼尔·科伊尔曾经在《一万小时天才理论》中强调，不管你做什么事情，只要坚持一万个小时，基本上就能成为该领域的专家。可是现在越来越多的研究者认为光练习仍然是不够的，学员们需要进行"刻意练习"。刻意练习强调，学员们不能够在舒适区重复地练习早已熟知的内容，而应该把自己推出舒适区直面自己的困难、弱点进行练习活动。

学习管理者在进行训后练习任务计划安排时还应特别注意，练习活动的设计以及评估标准的确定应该与业务部门领导进行充分的沟通,并保证设计与安排的突破性和客观合理性。同时还要明确练习任务完成的界限,在规定的时间完成相应的练习任务。只有明确了完成时间,才能给学员们足够的压力,也可以让学员们更妥善地安排自己的时间。

尽管学习管理者能够为学员们做的工作非常多,但是最重要的工作还是要让学员们意识到自己需要为学习培训的效果负责。

企业的成长依靠于企业员工的成长,随着企业的发展与壮大,对员工的要求自然会越来越高。约翰·肯尼迪曾经在他1961年的就职演讲中说:"不要问你的国家能为你做些什么,而要问你能为国家做些什么。"学习管理者负责企业人才发展的管理,负有激励、帮助所有员工提升能力、取得进步的责任。相应地,学员们从公司获得薪水,从公司得到培训资源,在公司业务环境下进行实践,自然也就负有从学习培训中取得进步并帮助公司提高业绩的责任。

学习管理者应该使学员们明白,他们才是学习培训的最大受益人。企业、组织在发展过程中一定会更加关注那些进步较快的学员,从而给他们提供更多的机会、更广阔的舞台。不愿意积极承担起这一份责任的学员必然将在企业发展的过程中落伍。

更加严峻的事实是,现今的社会对于学习的要求越来越高。全世界近200年的生产力发展与社会变化超过了过去几千年的总和。现在的信息技术的发展,更是让所有人有了更加丰富的学习资料与渠道。新生事物正在以越来越快的速度向现在这一代人走来,未来会有什么样的变化几乎没有人能够说得准。如果学员不能够自己承担起学习的责任,与企业、与时代一起进步与发展,那么未来的环境对学员来说将会变得越来越艰难。

5.2 确保学员充分练习

学习管理员对学员们的训后活动做出了详细的安排后,最重要也是最困难的一点就是如何保证学员们能够在工作生活中融入充分并且有质量的练习活动。

最简单也是最有效的方式之一就是,不断地对学员们发出开展练习工作的提醒。实际上根据心理学家的研究,我们的大脑每天能够接收并处理的信息量是有一定限度的。特别在现今信息爆炸的时代,所有人的周围充满了各式各样的信息,每天只有一部分信息会长时间地停留在人们的大脑中。学员的练习活动需要在他们的大脑中抢占一个有利的位置,否则学员们的精力很容易被其他活动分散。

日常打电话沟通,定期发送电子邮件询问练习活动的进展,定期在学员群内发布相关的统计及情况汇总报告等都是非常便捷的方式。人们常说"眼不见,心为净",但是对于需要不断练习提升自身业务能力的学员来说,就是需要把"学习培训"变成日常生活中的一部分,才能取得显著的效果。

美国的一个健康管理机构曾经对500多名学员进行测试与研究,了解定期的电子邮件提醒是否能够帮助学员改善他们的日常活动及饮食习惯。3个月之后,相比没有收到定期电子邮件提醒的人,定期接收健康管理结构的指导邮件的学员的身体状况与相应的体检指标都有了明显的改善。这也说明了不断给予相关人员提醒的作用是显著的。

我们每天都要吃饭、喝水、睡觉,这样的事情已经自然而然地成为我们生活的习惯。我们在做这些事情的时候,不需要考虑应不应该,不需要毅力的支持，也会完成得很好。这是因为习惯不会让人觉得需要额外的努力和借口，当我们把学习计划也培养成为生活习惯的一部分时，主动学习也会成为习惯，我们自然不用担心学习的效果。

要让计划成为习惯，需要我们一段时间的坚持来让它形成我们的生物钟，这中间千万不要间断，否则，还得重新来过。在坚持一段时间后，你会发现，这已经成了你的习惯。万事开头难，最开始的一段时间，千万不要萌生退出的念头，坚持下来，会越来越好。

"习惯"指人们在长时期里逐渐养成的、一时不容易改变的行为、理想和信念，也就是德鲁克所指的人们在工作中表现出来的"优势、工作方式和价值观"。正如亚里士多德所言："总以某种固定方式行事，人便能养成习惯。"形成习惯的过程实际上是有意识的行动的不断重复，从有意识的不熟悉到有意识的熟悉，再到无意识的熟悉，就进入潜意识而变成习惯了。

行为心理学中把一个人形成新的习惯或理念并加以巩固至少需要 21 天的现象称为 21 天效应。通常人们认为 21 天效应就是指形成或改变一个习惯至少需要连续坚持 21 天。

人的思维与行为都是有惯性的，要打破这种惯性需要一定的过程与时间。1～2 次的培训是一次爆炸式的突击，也许能够很快地改变我们一部分的思维。但如果改变到此为止了，我们被改变的这一部分思维很快也可能恢复到原来的状态。

美国心理学家凯尔曼把一个新习惯或者新理念的形成分为 3 个阶段，如图 8-6 所示。

顺从阶段：人们只是表面上接受了新习惯，行为上表现出新习惯的要求，但是在人们的内心其实没有实质性的变化。顺从通常都是由外界刺激导致的"被迫"发生的改变。

```
顺从  →  认同  →  内化
```

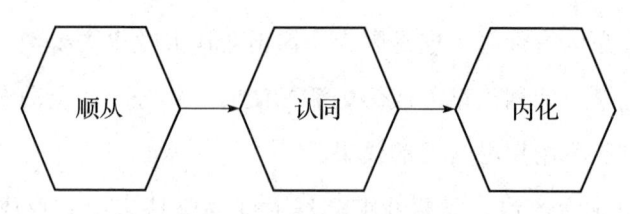

图 8-6　习惯形成阶段图

认同阶段：比顺从深入一层，人们已经开始从心底接纳新习惯，不再是"被要求"表现新行为的状态，而是更加主动地表现新行为。

内化阶段：新习惯此时已经完全融入了人们自身的行动之中，没有任何不适，也无须有意识地去调动自己的行为。

学习管理者要真正使学员学以致用，达到学习转化的目标，就需要让学员们达到将新习惯"内化"的这个阶段。为了达到这个阶段，学习管理者应该在培训之后督促学员们不断地进行学习内容的练习与实践。

1995 年华为曾经从美国和德国引进先进的管理系统，但是引进来之后顾问们的意见与华为人的意见混杂在一起，最后的结果就是流程仍旧混乱低效。任正非对于这一次变革并不满意。1998 年任正非召集上百位副总裁和总监级别干部参加管理会议，决定投入 20 亿，开展一场向 IBM 学习的管理变革运动。

1999 年任正非在华为的动员大会上谈到，IBM 是非常优秀的老师，华为一定要向 IBM 认真学习，学不好的就撤职，管理层学不好就回去当工程师。任正非的强硬态度给了员工们很大的震慑，大部分员工都老老实实地接受了一段时间培训。

但是随着培训的深入，很多员工开始怀疑 IBM 的方法对于华为的适用性，关于 IBM 方法是否适用引起了华为人的大讨论。任正非再次发表内部讲话，说员工们现在不应该与老师争论方法是否正确，华为就是要先按照老师给的方法练习，先僵化、后优化、再固化。他再次强调，不适应的人撤岗，抵触的人撤职。在任正非的威慑之下，管理改革的活动得到了进一步的推进。

5年时间过去，华为的改革咨询完成了。华为的供应链等管理能力得到了明显提高，华为决定再投20亿，向IBM学习企业决策等课程。

华为向IBM学习改革是一项持久的工作，中间任正非多次出来强力督促全体员工积极练习与实践所学的内容，这才取得了巨大的成功。实际上任何企业的学习培训，都需要持续的练习与实践，才能取得上佳的效果。

除了给予学员更多的提醒，让学员能够充分地练习，学习管理者还应该给学员提供一定的反馈。在学习活动中存在着一种名为"反馈效应"的心理现象，这种现象指的是学习者若能够了解自己学习的结果，那么对结果的了解将会促进学习者更加努力地学习从而提高学习效果。

心理学家佩奇曾经做过一个对不同反馈所产生效应的实验。他所做的实验证明，老师给予学生不同方式的反馈结果时，所产生的促进作用也不一样。老师给出反馈结果并做针对学生特点的点评时，学生之后的进步最大；老师给出反馈结果并做固定套路的点评时，学生下次的进步次之；老师只是反馈结果时，学生下次取得的进步最小。

学习管理者在培训过后的跟进过程中，也需要及时结合学员的情况，给学员反馈他们现在的练习情况。他们不单可以反馈学员个人练习所取得的效果,还可以引入所有学员的情况供大家参考。如果能有针对性地对每个人一段时间练习的成果作出评价,那么将能更好地激励学员练习。

6. 提供应用指导,促进绩效改善

学习培训最终都将导向实际应用,不能在实际应用中取得良好的效果,学习培训就称不上成功。不能促进绩效的改善,企业在学习培训中所花费的成本也无法得到回报。为学员们在实际应用过程中提供相应的指导与支持,能够有力地推动学员将所学内容应用到实战中,从而促进绩效改善。

6.1 帮助学员选择教练

学员们在工作中实际应用学习培训的知识时,并不是一个人单打独斗。进步最快的人,通常都知道寻求团队中有经验的"师傅"来帮助自己。因此,学习管理者可以帮助学员选择一位团队的成员作为学员的"教练"提供更多的指导。

美国在20世纪80代就兴起了企业教练的理论。国际教练联盟对教练的定义是:教练是被教授者的伙伴,通过引人深思和富有想象力的对话,最大限度地激发被教授者的天赋潜能。教练的目标就是被教授者的行为改变。

教练理论一开始是受体育运动启发而产生的。《卡特教练》是一部非常受欢迎的体育题材影片,根据高中篮球教练肯·卡特的真实故事改编。

卡特教练通过严格的纪律要求、鼓舞人心的激励手段、亲切耐心的沟通交流、生动形象的战术讲解将一支屡战屡败的球队变为刻苦训练、团结一致的球队，最终这支球队成为一支无人能敌的常胜强队。这部影片充分展示了一个优秀的教练能给队员们带来的影响。

那么学习管理者应该为学员选择什么样的教练呢？拥有以下特质的人员适合成为学员的教练：

- 建立信任关系

看起来更友好、更容易接近的教练更容易得到学员的信任。善于建立关系的教练乐于帮助学员做出改变、取得进步，并且将教练这个职务看得非常重要。基于信任感，学员会更容易接受教练的建议与指导。

- 认可并激励他人

教练必须让学员做他们想做、能够做到的事。因此教练需要激发学员基于目标的激情与渴望而做出行动，而不是通过外部压力驱使学员做出努力。教练使学员坚定自己的信念，激励他们克服面对的重重障碍与困难并不断前行。

- 分析与诊断学员的问题

教练需要精通业务，并拥有丰富的经验，以便在学员的应用过程中能够对他们进行指导。学员的行动效果不佳时，教练能够收集各方面信息帮助学员分析效果不佳的原因，给予学员适当的建议。同时教练还要保持对不同学员的敏感性，做到因材施教。

- 自信并具有感染力

学员在与教练的交往过程中，不但会关注教练提出的建议与指导，还会观察教练自身的一言一行。一位充满自信与感染力的教练，能够有效地带动学员的精神状态。一位面对困难勇往直前，面对选择具有果敢的决断力，时时挑战自我、激励自我的教练对于学员而言有着无可替代的影响力。

- 公正与真诚

教练对学员的建议与指导应该做到公正并且真诚。教练既不能对学员的行动吹毛求疵，也不能马虎应付。吹毛求疵将打击学员积极性，也可能引发双方的矛盾。马虎应付的态度，则起不到应有的效果，也会让学员对工作应用感到疑惑。

- 自知

教练对于自己能力的局限性要有清醒的认识。对于自己不熟悉、不了解的内容应该与学员进行说明与沟通，共同探索。若是教练骄傲自大，给学员提供一堆不合乎实际的建议与指导，反倒害了学员。没有任何一个教练可以无所不知地帮助其他人。

找到一个完美的教练并不容易，在团队中寻找一个恰当的教练同样不容易。学习管理者在平时的工作中应该全面地了解各部门的人员情况，做好"教练资料库"的积累工作。有了这种储备，学习管理者就能更好地帮助学员选择合适的教练了。

6.2 指导学员应用学习内容

当我们指定学员的领导或者同事成为对应的教练时，常常出现指定教练无法提供足够支持的现象。研究者们的调研显示，大多数人都以时间不足作为理由。但更本质的原因是，这些教练看不到指导带来的价值，同时他们对于自己能否胜任教练的工作没有足够的信心。

一方面，学习管理者应该让指定教练明白，长期来看他们对学员指导的投入会得到回报。

圣安东尼奥马刺队的教练波波维奇被称作 NBA 的最佳教练。他作为教练带领马刺在 1999 年到 2014 年间夺得 5 次冠军。夺冠的间隔时间短的是 2 年，长的是 7 年。不同时期夺冠，马刺的球员阵容都不尽相同，但是在波波维奇的指导下球员都有非常出色的表现。马刺最为球迷、球员津津乐道的就是，所有的球员在波波维奇手下都能展现出别样的能力，取得显著的进步。无论是球迷还是球员都把这一功劳归于波波维奇教练的出色能力。

在商业界同样如此，前通用电气的 CEO 杰克·韦尔奇曾经说："我只想做一名企业教练。我想提醒你们我观念中的领导艺术只与人有关，最好的管理者实际上是教练。"

教练做应用指导的价值，长期来看是毋庸置疑的。实际上一部分大型企业已经把管理者对于下属的能力培养当作一个非常重要的考核指标。学习管理者也可以考虑将教练的应用指导工作纳入教练的评优考核中，从而更好地督促教练们开展应用指导的工作。

另一方面，学习管理者也应该帮助指定教练做好应用指导的工作。指定的教练自身通常具备一定指导能力，但他们还缺少一定的方法与工具。我们推荐教练从以下四步开展应用指导工作，如图 8-7 所示。

(1) 确认目标

教练应该帮助学员确认自己的应

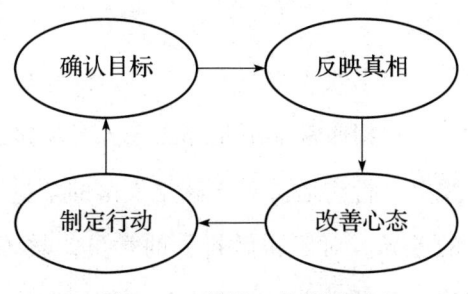

图 8-7 教练工作指导图

用学习内容所要达到的目标。教练可以通过发问的方式全面了解学员的想法，并帮助他理清目标。教练可以根据自己对学员的了解情况列出问题清单（如表 8-6），引导学员确认自己的目标。

表 8-6　　　　　　　　　　　　目标确认问题清单

问题	回答
你的目标清晰吗？	
衡量你目标的标准是什么？	
你想要什么样的结果？	
你这么做是为了什么？	
有哪些其他可能性？	
……	

（2）反映真相

"当局者迷，旁观者清"。当事人考虑一件事情时受影响的因素非常多反倒容易糊涂。因此教练需要从旁观者的角度，给出自己对学员一些关键想法的反馈。同时教练应该根据自己了解的情况进行说明并提出自己的想法，对学员的思考进行补充。就像企业教练理论里谈到的"教练犹如一面镜子，反映当事人的真实状况和局限，同时引发当事人看到更多的可能性"。学员了解了自身与真实状况的差异，才能更好地思考如何解决他所面临的问题。

（3）改善心态

真相通常都不是那么令人容易接受的。教练在反映真相之后应该与学员积极进行沟通。对于感觉失落的学员，教练应该鼓励他更加积极地正视存在的差异。对于骄傲自大的学员，教练则应该适当地泼泼冷水，让其保持冷静。总而言之，帮助学员在应用实践过程中保持积极平和的心态是非常重要的一点。

(4)制定行动

这项工作就是对之前沟通讨论内容的具体细化。每天做哪些工作,花费多长时间,有哪些具体动作,动作要达到哪种效果,都是教练在这一环节应该与学员进行沟通的。同样,在学员自己实际应用、开展行动时,教练可以适时地给予一定的帮助。

6.3 实施绩效支持和辅助

绩效支持是指在员工达成目标绩效的过程中,企业能够帮助提高员工表现的支持行动。

我们所有学习培训的最重要的目的之一就是改善绩效,那么在培训之后实施绩效支持的意义自然非常重要。绩效支持能够提高学员对于学习的应用能力,某些时候绩效支持也是学员们学习的一种方式。

阿图·葛文德是美国著名的外科医生,同时也是白宫的健康政策顾问。他在他的著作《清单革命》中分享了一个设计一项关于外科手术的绩效支持工作的故事。

世界卫生组织曾经邀请葛文德帮助减少外科手术的医疗事故。为此,葛文德及其团队设计了一个分为手术前、手术中、手术后,包含19项内容的手术检查清单。这份清单应用之后,帮助医疗机构减少了1/3的医疗纠纷以及接近1/2的死亡事故。

绩效支持无疑是员工工作中重要的组成部分,对于刚刚完成学习培训的学员们来说，更是强有力的关键帮手。人脑的记忆容量有限，而且对于事物的认知与处理都有自己的惯性。当学员开始使用所学的新知识进行实践时，往往并不顺利。实践过程相比培训时会有更多干扰性的冗杂信息，真实的情景也容易让人感到紧张与不适。这种时候若能有绩效支持的帮助，更容易取得成功。旗开得胜能够让学员更有改变的动力，一开始就挫败，则会让人更容易在后续工作中退缩。

常见的绩效支持工作有很多种，如表8-7所示。

表8-7 常见的绩效支持工作

方式	内容
适时提醒	在关键活动之前，通过多种渠道给予相关人员提醒，确保员工做好充分准备
编制行动指导书	针对员工可能面对的活动，将通用的适用方法编制成册，方便员工自由查阅学习
设立相应工作模板	针对工作中常遇的表单、合同、文件，准备好通用模板
检查清单	包含工作活动、项目的关键内容与关键步骤
演示视频	详细展示工作或项目的内容与条件

实际进行绩效支持工作时，学习管理者可以建立如表8-8所示的学习培训应用的检查清单，帮助学员们自主思考所学内容、鼓励学员自主应用。

表8-8 学习培训应用检查清单

姓名		课程	
工作困难	知识点	应用场景	

应用检测		
工作难点	知识应用	完成情况

第一步：让学员反思学习培训的内容，对自己的工作开展有哪些参考作用，哪些能够帮助自己解决一些急需解决的问题。

第二步：学员应该在学习过程中思考课程内容中有哪些他们感觉非常实用的知识点或者技能。鼓励他们自主分析这些知识点与技能将会如何帮助他们解决工作困难。

第三步：要求学员总结出所学内容能够合理使用的应用场景，并对后续相应场景的工作实践做出计划安排，在工作实践中检验学习效果。

西点军校前校长 A·L·米尔斯说："每个人所受教育的精华部分，就是他自己教给自己的东西。"学习管理者可以通过学习培训应用检查清单，帮助学员牢记自己所学内容，以及为自己定下的应用活动。

实际上，学习管理者除了可以在内容上提供绩效支持外，同样也可以在人员上提供一些绩效支持，例如可以加强企业管理者对于学员的帮助与激励；邀请专业顾问给予学员实际工作指导；搭建学员自由交流沟通的平台，以便学员分享经验，相互鼓励。

任何有创造力的想法，只要能够在工作过程中帮助学员成功达成业绩目标，都可以称为绩效支持。学习管理者发挥自己的创造力，为学员们提供有效的绩效支持，必将收获良好的绩效改善。

第9章
教学测评

对企业来说，教学测评是培训项目管理中非常重要的一环，因为只有通过教学测评，企业才能知道培训经费到底花得值不值得以及未来的培训工作该如何改进。每一次教学测评结果都要为管理者制定符合企业最佳利益的决策提供可靠的证据。

1. 用过程督导强化培训产出

要想培训取得好的效果，学习管理者就要争取在培训活动的每一个环节甚至于每个环节的每个重要细节上都有良好的表现，用过程督导强化培训产出。

1.1 明确培训项目的关键产出

尽管市场上有很多关于培训效果评估的著作和言论，但是对于绝大部分企业来说，评估工作仍然是让学习管理者感到非常苦恼的事情。究其原因，是因为学习管理者在还没有确定评估内容时，就担心应该采用哪种评估方法。

如果单纯地问：在糖、醋、酱油这三种调料中，哪个最好？显而易见，这是没有答案的问题，它的答案取决于我们要做一道什么样的菜。学习评估也是如此，在我们选择评估方法之前，一定要确定评估内容是什么，只有明确培训项目的关键产出，才能有针对性地去评估培训项目。培训项目需要明确的关键产出如表9-1所示。

表 9 – 1　　　　　　　　　培训项目需要明确的关键产出

序号	关键产出	具体内容
1	预期结果	学习管理者想要获得的成果，这是有效评估项目是否成功的条件之一
2	重要环节产出	为了达成预期结果，学习管理者也要关注过程中关键环节的产出
3	领导关注的内容	同样的事物对不同的人有不同的价值，学习管理者的评估想法一定要符合领导关注的内容

某公司花了高价请第三方公司来评估一个学习项目的投资回报率，结果显示学习项目的投资回报率相当高。培训部门负责人非常高兴，正当他兴冲冲地向公司领导层汇报时，却被财务总监的一句话给堵住了："这都是些什么指标，我们所定义的投资回报率根本不是这样的。"

从上述案例中我们可以看出，在对培训效果进行评估之前，首先要确定好评估的内容和方法，使培训项目的评估结果与领导层相关且可靠。学习管理者在明确培训项目的关键产出、制定行动计划后，可以做成书面报告，交给领导看，确定评估内容和要求是否能够满足领导的需求。

在界定产出成果时，学习管理者可以采用逻辑建模、六西格玛（Six Sigma）等方法来确定最重要的业务结果。在第 3 章价值梳理中，我们就已经讨论过学习价值链了，通过回顾学习项目的价值链，也可以寻找到影响结果的关键因素。

1.2　做好培训过程的每个阶段

做好培训过程的每个阶段指通过关注和强化培训过程中各环节的管理，

力求在细节上追求完美，增加人们对培训组织工作的满意度，并提升培训活动的价值。

事实上，很多岗位的工作结果是难以用财务指标来衡量的，比如总经理秘书的工作结果、行政助理的工作结果等。一些管理者的工作结果也是难以进行评估的，比如人力资源部经理的工作结果、销售内勤主管的工作结果等。很多企业对这些人员也会设置绩效考核指标，这些指标只是相对有效的，并且员工平时的表现占有相当大的权重。尽管如此，这些岗位上依然能出现很多先进工作者。究其原因，是因为他们在工作过程中的表现让组织满意。

培训项目也是如此，如果学习管理者在培训项目开展的任何一个环节都有良好的表现，就能够大大提高让学习者和领导都满意的概率。任何一次培训活动都可分为培训需求分析、培训计划制订、培训内容准备、培训活动实施、培训效果评估与呈现等步骤。在这些过程中，学习管理者始终要围绕两个要点开展工作：第一，以服务者的角色，帮助学员进入学习状态，获得知识和技能；第二，让学员理解学习管理者的工作是帮助学员们更好地开展工作。学习管理者在培训活动的不同阶段需要做的事情如表9－2所示。

表9－2　　　　　学习管理者在不同培训阶段需要做的事情

序号	阶段	具体内容
1	需求分析	通过良好的责任心和专业形象，让学员明白进行需求调研是为了他们的职业发展，而不是为了完成任务
2	计划制订	以管理者的想法为主轴来安排培训计划，让学员看到培训计划的专业度
3	内容准备	依据学员实际关心的问题和其所能接受的方式来准备培训内容，包括课程所涉及的知识点的准备、案例的准备、教学互动形式和内容的准备等

续前表

序号	阶段	具体内容
4	活动实施	通过关注和正面引导学习者的心理和行为来保证课堂学习的正面效果
5	效果呈现	让人们生动形象地了解一次培训活动所经历的过程和难忘场面，尽可能广泛地传播大家参与培训活动的积极正面的事件和场景

1.3 柯氏四级评估模型

我们知道，制订每一个培训计划的时候都会伴随着制定一套评估体系，用于培训后的效果检验与分析。通过对培训项目的效果评估，可以检验出学习者在知识技能方面是否得到了提高，同时也让学习管理工作者得到了经验的积累，为下一次培训项目的开展提供了参考。当前，在培训效果的评估方式上，大部分企业都采用了唐纳德·柯克帕特里克（Donald Kirkpatrick）的四级评估法。四级评估法根据培训课程对学员的直观影响程度，将培训的效果分为四个等级，包括反应评估、学习评估、行为评估和结果评估，具体如表9-3所示。

表9-3　　　柯克帕特里克培训结果评估体系的评估标准

标准	内容概要	具体说明
反应	学习内容、讲师、方法、材料、设施、场地、报名程序	观察学习者对学习方案的反应，如对项目结构、讲师的看法，学习内容是否合适和方法是否得当等
学习	讲授的知识和技能	学习者在学习项目中的进步，即通过学习活动是否可以将掌握的知识和技能应用到实际工作中，用来提高工作绩效

续前表

标准	内容概要	具体说明
行为	了解学习内容在学习者开展工作时，能否对其有所帮助，能否提高他们的工作效率	确定学习者在参加学习活动后在实际工作中行为的变化，以判断所学知识、技能对其实际工作的影响
结果	学习是否提高了学习者的工作绩效	产生的效果，可通过一些指标来衡量

从表9-3中可以看出，柯克帕特里克对学习转化评估的维度更多。这种评估方法的优点是，对学员们的评估更加细致，评估内容涉及各个环节，这有利于帮助学习管理者分析学员在学习转化过程中可能存在的具体问题。因为反应—学习—行为—结果是一环接一环的，前一环出现了问题会对后一环产生影响。其缺点则是，相比于紧贴绩效改善的评估方法，柯克帕特里克的四个层次较大地增加了评估的难度，需要有好的评估手段及较高的分析能力。

柯克帕特里克认为，这四个层次是一个递进的过程：学员对课程满意，才能学到知识和技能；学到知识和技能，才能改变工作态度和行为；工作行为发生改变，才能有好的绩效结果，实现高投资回报。在对活动参与人员的培训效果进行评估时，常用的方法有以下几种，如表9-4所示。

表9-4   柯克帕特里克评估的实施方法汇总表

标准	实施方法
反应	调查问卷、访谈
学习	考试、演示、讲演、讨论、角色扮演
行为	前后对照、360度调查和绩效考核
结果	这一层面的评估可通过一系列的指标来衡量，如满意度等

在选择评估方法时，应根据具体的培训项目情况（目的、对象、内容、方法与技术等）及评估方法所具有的特点选用相应的评估方法。在确定了评估方法的基础上，评估人员设计出合理的评估工具，据此实施评估。

2. 评估学员对课程的满意度

在柯氏四级评估模型中，第一级就是评估参训学员对培训课程的反应，包括参与度、相关性、学员满意度等。评估学员对课程的满意度是通过一定方式了解学习者对培训课程的评价，如培训内容、培训材料、培训师、培训设备、培训方法、培训组织等。

2.1 工具及表单的设计

评价一个培训课程是否有效，首先就要看学习参与者对培训课程的反应，如果大家普遍对培训课程的评价是积极的，并表示出了他们对培训课程的喜爱，则说明培训内容是学习参与者能接受的。否则，学习参与者就不会主动参与培训，更不会将培训内容转化实际行动了。

反应评估的作用体现在：

第一，让学员感到学习管理者对他们意见的尊重；
第二，将评估信息反馈给领导层，给予领导层更多培训信息；
第三，让学习管理者了解当前的培训工作是否妥当，今后的培训组织与管理工作该从哪些方面进行改进；

第四，作为培训讲师改进课程内容和授课技巧的基础。

通常来讲，反应评估是比较容易的。最常用的方法是在培训后让学习者填写一张培训评估表。学员对培训的直接反馈和体验可以采用反馈表、培训效果调查表等工具，如表9-5所示。

表9-5　　　　　　　　　　　　培训效果调查表

培训效果调查表						
说明： 请根据您参与培训的直观体验填写此表； 此表采用不记名方式填写，请尽量填写您的真实感受。						
项目	内容	很不满意	不太满意	一般	满意	非常满意
培训组织	您对本次培训的总体感受和评价					
	您对本次培训主题的看法					
	您对本次培训的组织安排和管理工作的看法					
培训课程	您对课程内容的看法					
	您对课程教材的看法					
	培训内容是否解决了您的问题					
	您觉得学员的参与度如何					
培训讲师	您对讲师专业度的看法					
	您对讲师技术水平的看法					
	您认为讲师的重点是否突出					

华为大学也相当重视学员对培训课程的体验，在他们看来，只有培训课程的体验足够好，讲师才能把培训的内容顺利传输给学员。

高正贤是华为大学的兼职讲师，从清华大学毕业的他在2003年加入华为。高正贤加入华为后不久便以优异的表现引起了许多人的注意。高正贤的父亲是位教师，常年受到熏陶的他也喜欢讲课，为新人或后来者指点迷津，或将他的人生经历分享给他们，帮助他们走出迷茫和困惑、树立梦想和勇气。

2006年，何小忠让高正贤代替自己去华为大学讲课，这门课是新员工入职培训课程中的"发展中的华为"。自此，他就成了华为大学的讲师。

高正贤非常在意学员的课程体验。在他看来，给学员讲课实际上和跟客户打交道有很大的相似之处，都是从认识、认可到相互信任的过程。大多数在华为大学上过高正贤课的学员，都会异口同声地表示：高老师授课真诚、富有感染力！

也正是凭借在华大学习项目交付中的突出贡献，高正贤连续4年蝉联"金牌讲师"的称号，是华为大学兼职讲师中唯一的一个。

总的来说，良好的反应评估反馈系统，能够有效地改进培训质量，直接推动讲师改善自己的授课方式，推动课程设计趋于合理，从而大幅度增强培训效果，降低重复培训等带来的成本问题。

2.2 对评估结果的分析

在培训项目开展的过程中，学习管理工作者要注意对相关信息进行完整的收集。对于评估信息的收集工作，学习管理工作者万不可随意调查一下就了事，而要安排专人进行相关工作，以确保信息的真实性。通常评估数据的来源包括学习情况记录、学员自身的反馈等多种渠道，具体采用哪种渠道来进行收集需要根据实际情况来确定。

一般来说，反应层级评分过低，就说明该学习项目存在一定的问题。大多数学习管理者都认为，一旦员工不喜欢某个培训课程的话，就应该立即取消这门课程。这也是要进行满意度评估的原因，它能够告诉学习管理者是否有必要继续开展该培训课程，改进今后的培训工作。

但是反应层级评分并非越高越好。很多学者对反馈评分与学习转化之间的关系进行了研究，发现反应层级评分对行为改变或业绩实现并没有太大的影响。

尼尔·拉克曾经对讲师评价与学员满意度之间的关系进行过深入研究，他发现那些没有受到好评的讲师实际上却是最好的。罗杰·谢弗里亚也同意这一观点。他和他的团队在研究时也发现，满意度评估结果处于后1/3的讲师的学生在培训后的三个月内的工作绩效反而是最好的。

为什么满意度评估结果与培训后的工作绩效改善没有显著相关性呢？因为一旦评估内容被界定为工作绩效转化程度时，那些能够决定效果的因素（如要求学员更多地思考培训内容与工作的关系、进行有效反馈等），反而会影响培训师在学员心中的满意度评价。

同样地，学员们特别喜欢某项课程，也并不意味着该课程的实用性就高，很可能只是因为讲师的个人风格魅力吸引了大家。单纯依靠学员满意度的反馈，大大提升了评估的娱乐性，降低了其实用性。

3. 检验学员掌握知识技能的程度

在柯氏四级评估模型中，第二级是检验学员掌握知识技能的程度，即通过一定的方式测量课程中的原理、事实、技术和技能被学习者掌握的程度，包括学到了什么知识，学到或改进了哪些技能，改变了哪些态度。

3.1 设计有效的评估方案

在进行学习评估时，设计评估方案非常重要，通常学习管理者会通过前后比较或设置控制组的方式来对学习效果进行评估。

第一，前后比较。这种设计方案要求学员在参加培训课程之前和在参加培训课程之后分别进行两次内容相同或者相近的测试，将这两次测试的结果进行对比分析，前后的变化就表明了学员掌握新知识和新技能的程度。一般认为这是较为有效、操作简单的学习评估方法，其关键点就在于评估问卷设计的有效性。

第二，设置控制组。将参加培训课程的学员组成实验组，不参加培训课程的人员组成控制组，同时对这两组人员分别进行前后比较测试，两组人员在培训前的测试结果应该是相似的，将测试结果进行交叉比较来评估培训的效果，最后在同一时间内对实验组和控制组分别进行评估，评估的结果差距就是培训的效果。尽管通过设置控制组来进行学习评估的方法比较复杂，操作流程也比较多，但是它所测试出来的结果更为准确。

第三，所罗门四组设计。将上述方案结合起来使用，可将干扰培训效果的其他因素的影响减少到最低程度。把学员随机分成两个实验组参与培训课程，同时另外设置两个对应的对照组。如果实验组成绩比对照组好，则证明培训是有效的。如果两个实验组之间成绩相当，而对照组的成绩也不相上下，则证明培训评估方法没有缺陷。

学习管理者要检验学员掌握知识的程度，还需要界定针对某一目标的掌握水平，即学员必须要达到多好的程度才能表明在该目标上已经成功。在评估结束时，学习管理者可以统计有多少学员达到了这一标准，计算出所有学员中达到掌握标准的学员的百分比。从这一数据可以确定是否达到了教学设计的标准，监测培训课程实施的成功程度。

在设计了评估方案后，还要选择合适的评估方法。一般来说，评估方法包括定性评估法和定量评估法。在检验学员掌握知识技能的程度时，只需要用到定性评估法，包括笔试法、面谈法等。

3.2 通过测试来检验学习成效

为了确保学员培训的效果和收获，必须安排适当的测试。测试应该既包括理论测试，也包括实际操作。因为有的课程侧重于实际操作，而有的课程侧重于掌握理论知识，也有的课程需要将实际操作和理论知识结合起来。

针对不同类型课程的特点安排与之适应的测试，可以合理评估学员的学习效果。通常而言，检验学习效果的方式包括以下几种：开闭卷考试、问卷调查、实际操作、观察评分、量表评价等。

尽管企业大学的培训更加注重实战的效果，但还是有很多时候需要通过考试来检验成效，这是检验培训学习效果和收获最有效的办法。

这是因为即便是最简单的实践行为，也需要通过学习，将这一行为形成抽象的概念，再将抽象的概念形成具象的行为。无论是哪种技能和能力，都是实践与理论的统一。理论和实践并非矛盾的关系，掌握了理论，才能将理论应用到实践中去，而理论需要在实践中得到检验。

国家电网公司自上而下严格要求一切工作人员都必须严格遵守安规。为此，国网吉林电力安监部门联合各生产单位推进以考代训学安规用安规，把好关、培训好。

郑禹硕（化名）从2016年开始参加公司组织的安规竞赛，在两个月的高强度安规培训中，他取得了13个100分的成绩，但仍然未能达到国网要求的50次考试必须30次以上100分的标准。不甘心失败的郑禹硕，2017年又一次参加国网安规竞赛，最终取得了省内个人第三的好成绩。

在一次又一次的考试中，郑禹硕逐渐真正地将安规条款领悟到位。作为安全员的他开始能用安规条款指导现实工作，同时在现实工作中碰到问题也能很快地对照到具体的安规条文，真正做到了融会贯通。

任正非也相当推崇以考试来检验学员的学习成效的办法，他说："华为大学要通过考试来检验学习质量，两天一小考，一周一大考。"

在任正非看来，考试可以采用开卷考试的形式，甚至可以带电脑、手机、PAD等进去。因为考试是为了让学员能够理解事物，只要学员理解了事物，那么他也就掌握了处理该类事物的方法，就达到培训的目的了。

当然，研究表明，单一的检验方式往往不如综合式的检验。学习管理者应该采用多样化、综合化的检验方式，避免方式过于单一，以达到全面检验培训学习效果的目的。

4. 考察学员训后行为方式的改变

考察学员训后行为方式的改变需要通过一定的方式了解学员将培训所学知识和技能转化为行为的程度，即了解学员在结束培训回到工作岗位后工作行为有多少改变，了解学员在多大程度上将培训中所学的应用到工作中。

4.1 选择合适的评估方法

衡量培训成功与否的"关键指标"是员工的行为改变以及行为改变带来的结果。行为改变预示着业务结果的改善，因此，它属于短期结果。将行为改变作为培训项目效果评估的指标，一是因为学习管理者比较容易观察到学习者的行为改变，二是因为这些行为改变难以受到学习和绩效支持之外的因素的影响。

阿斯利康公司的CEO戴维·布伦南强调，"诚然，人们都希望能够量化学习为企业带来的结果价值。这一点非常重要。但是，更值得我们去衡量的是，通过学习，我们的员工在行为上发生的变化是否对业务产生了重要的促进作用。如果我们认为一个团队所表现出来的热情非常重要，那么我们要做的是判断这些行为是否是组员自发表现出来的，以及这些行为在管理上有无被强化。当然，你还可以用其他更难的测量方式，但是考虑到组织的运营环境，评估应更多地关注学员的行为变化。"

评估培训效果的目的是更好地为管理决策提供支持。因此,在考察学员训后行为方式的改变时,要选择合适的评估方法。一般来说,常用的评估方法包括工作绩效考核法、跟踪观察法、征询意见法等。

第一,工作绩效考核法。在培训项目结束后,每隔一段时间对学员们的工作绩效进行一次评估,如工作效率是否提高、人际交往能力是否增强等。尤其是针对那些技术性岗位的人员,可以通过绩效考核的方式来考察他们训后行为方式的改变。

第二,跟踪观察法。学习管理者在前期已经掌握了学员的情况,在他们参加完培训课程后,学习管理者亲自到学员们所在的工作岗位上,仔细观察和记录学员在工作中的表现,并与培训前的表现进行比较,以此来衡量培训对学员所起的作用。但是,这种方法耗时较长,且容易对学员的工作产生干扰,影响评估结果。

第三,征询意见法。通过调查或询问学员的主管或者下属而了解学员培训后的效果。询问主管学员的工作态度是否有了转变、工作能力是否有了提高;询问下属员工是否觉得学员在参加培训课程后领导力有了提升等。值得注意的是,向主管或下属员工征询意见容易受他们主观判断的影响,可能会由于双方间关系较好,而降低了评估的真实性和公正性。

除了上述这些评估方法,学习管理者在实际收集学员训后行为改变的数据时,针对不同种类的数据还要采用不同的收集方式,具体如表 9-6 所示。

表 9-6　　　　　　　　数据种类与收集方式

数据种类	举例	收集方式
业务指标	销售数据 员工留任率 事故报告	从业务信息系统中获得

续前表

数据种类	举例	收集方式
行为观察	客户互动 调查反馈 销售技巧	直接观察 演示/角色扮演 模拟
预测数据	应用次数 节约时间 财务效益	调研 访谈
反馈意见	领导效能 团队合作 工作质量	调研 访谈 专家意见
企业故事	成功故事 关键时间 工件	调研 访谈 计划或报告审核

评估方法和数据影响着评估的相关性和可信度。学习管理者必须确保所选择的评估方法和数据收集方式与评估内容是相符合的，从而获得有效的评估结果。

4.2 强化培训行为效果

行为层次上的评估比上述反应和学习层次上的评估更复杂和难操作。究其原因，主要包括三个方面，具体如表9-7所示。

表9-7　　　　　　　难以有效评估行为改变的原因

序号	原因	具体内容
1	行为改变是有条件的	如果学员在培训后没有机会应用所学到的知识和技能，行为的改变就很难发生或体现

续前表

序号	原因	具体内容
2	容易受到外部因素的影响	如果管理层对员工采用新的工作方法给予考核或鼓励，则会极大地促使员工将培训所学知识和技能向工作中转移
3	难以预测发生变化的时间	即便学习者有机会应用所学的东西，他们的行为也不会立竿见影地产生变化，行为上的变化可能在培训后的任何时候发生，也可能根本不会出现

以上这些原因使得对行为改变的评估比反应评估和学习评估要困难许多。一般来说，学习评估和反应评估可以在培训后立刻进行，但是行为评估则要根据实际情况采用不同的评估时机和方法。这也是很多企业不进行行为评估的原因之一，因为操作过程实在是难以掌控。

根据美国学者玛丽·布罗德（Mary Broad）的研究，企业员工接受培训学习之后，只有不足 10% 的培训知识和技能能迁移到实际工作中。为了确保培训效果，让学员训后行为方式发生实在的改变，企业必须采取有目的的策略，要求管理者、学员和培训师分别拿出具体行动，以提升培训对员工工作绩效目标的改变效果，减少行为评估的工作量。根据培训的阶段，采取的具体行动也有所不同，具体如表 9-8 所示。

表 9-8　　　　　　　　强化培训效果的行为

角色	阶段	具体行为
学习管理者	培训前	提前熟悉课程内容，并策划如何使员工将课程内容应用在工作中
	培训中	确保学员专注于培训，不被工作干扰
	培训后	提供机会使学员可以将学习到的内容应用到实践中去

续前表

角色	阶段	具体行为
学员	培训前	向主管和以前参加过培训的学员请教培训课程的目的、内容、流程，以及在工作中使用培训内容的情况
学员	培训中	记录能用到工作中的关键概念和行为
学员	培训后	定期评估绩效和告知取得的任何进展
培训师	培训前	与学员的主管讨论如何将培训课程与实际工作联系起来，并研究其中存在的障碍，寻求改进和解决的办法
培训师	培训中	将学员们组成一个共同学习、互相交流的团队，使他们互相提升
培训师	培训后	与学员持续保持联系，在学员后续工作中应用学习知识遇到的困难时提供支持和帮助

为了改善和提升培训的效果，除了管理者、学员、培训师要采取具体行动外，企业更需要从整体上改变培训的衡量机制。也就是说，在衡量学习与培训效果时，应该采取能够表明培训对员工个人绩效目标、企业业务经营产生影响的直接指标。只有这样，才能真正体现出培训在推动企业发展方面的价值。

5. 衡量预期投资回报的实现情况

通过一定的方式了解培训项目给组织带来的如节约成本、绩效和质量改变、利润回报等益处，可衡量课程预期投资回报的实现情况，用投资回报率等评估方法证明培训课程的价值。

5.1 衡量培训项目的投资回报

现实中许多公司领导和学习管理者往往会关心这些问题：生产管理人员参加了一次"全面质量管理"课程后，产品质量究竟提升了多少？中层管理者在参加了一次"高效团队管理"课程后，团队管理效率有没有提高？销售人员参加了一次"快速提升销量的技巧"课程后，产品销量率提高了多少？公司投入在所有培训项目上的投资回报率究竟是多少？培训及后继强化措施所带来的期望的业务结果实现情况到底如何？

克里斯·高因斯在惠氏公司的销售培训和管理发展部门担任执行总监时经历过一件事，让他明白了验证培训结果的重要性。一天，克里斯被老板叫到了办公室。老板问他："克里斯，如果我告诉你我正在考虑把你们部门整个外包出去，你会怎么想？"

克里斯感到非常震惊，尽管他很想告诉老板这个想法不对，却有点语无伦次，"大家都很喜欢我们的培训课程。""我们有优秀的员工、优秀的人才。""我们办过这么多培训课程。"……克里斯断断续续说了许多，却突然发现自己的这些理由并不能说服老板。

还没等他说完，老板就说道，"别紧张，克里斯，我不是真打算把你们外包出去。但是有个供应商一直在跟我说这么做的好处，而且他还准备了充分的论据和数据来证明自己的观点。你记住，我不可能一直坐在这个位子上。也许你的下一任老板就不会像我这样了。所以，下次你最好准备一个更好的回答。'大家都喜欢我们'这种理由是不行的。我要是你的话，就会准备一些更有力的证据来证明培训的价值。"

但是，会对培训结果进行评估的企业并不多。一方面，培训经理并不知道要怎么去评估培训结果，并与投入成本进行比较；另一方面，由于结果的确切信息较难收集，如果没有采用较好的评估设计，人们也会对收益是否完全是由培训所导致的产生怀疑。

结果层评估需要遵循以下指导原则：第一，选择恰当的时间，在培训结果转化成绩效后进行评估；第二，对全体学员及有关人员发放调查表进行评估；第三，确定重点人员进行当面访谈；第四，在合理的时间范围内进行多次评估。

结果层评估方法主要包括两种，一是组织绩效指标分析法，通过考核，了解学员在培训之后，组织绩效指标是否有所改善，例如，公司销售收入得到了提高、产品质量得到了改变、生产效率得到了提升、客户的满意度也得到了改善等；二是成本效益分析法，通过对培训成本和人均效益的分析，来了解培训投资收益率。成本效益分析，一般可以用公式来表示：培训投入回报率 =（培训收益 - 培训成本）/ 培训成本。其中，培训收益可以用受训员工与未受训员工之间的收益差异来计算，培训成本指培训的直接成本，包括讲师费用、组织费用、学员费用等。

培训效果的评估是培训体系中的重要一环，对于企业而言，严格的培训效果评估体系，能够使企业的培训实施更为专业，提高教学质量，实现对人才的发展。

5.2 分析结果，持续改进

企业的资源是有限的，培训部门需要与其他部门相互竞争以获取公司资源。尽管所有提议的项目都可能有助于企业的发展，但是领导层不大可能将所有资金平均投入到各个项目中。因此，企业领导层会根据各个项目的战略价值、组织贡献度、成功达成率等来做出决策。如果学习管理者不能提供有关项目价值的证据，就无法满足领导层的要求。学习管理者通过衡量课程预期投资回报的实现情况，可以向领导层证明学习是有价值的。

哥伦比亚大学教育学院的兼职副教授罗斯·塔特尔强调："我们应该在当下行动起来，开始建立自己的品牌，证明自己的价值。这样，你就有时间整理你的部门对业务作出的贡献，向组织证明你的价值。当组织发展陷入低谷的时候，你就有足够的证据证明自己部门的价值，证明你们可以为组织的未来做出关键贡献。"他之所以有这样的想法，是因为过往的研究和经历给了他启示。塔特尔曾经担任某部门总监，因为明确记录了以往项目的价值，所以在公司大规模裁员时，他的部门没有受到任何影响。

同时，评估结果也是获得持续改进机会的来源。学习管理者可以利用评估来完成自己的使命，培训和强化组织的学习能力，让组织从学习投资中获得持续改进。持续改进是整个评估过程的最后一步，也是至关重要的一步。在培训评估的过程中，学习管理者要持续发现改进机会并采取行动。具体如表9-9所示。

表9-9　　　　　　　　　制定持续改进行动计划的要点

序号	要点	具体内容
1	评价的主体	一次培训不可能满足所有学员的需求，必须将关注点放在大多数学员重点关注的问题上
2	结果的重要性	不是所有存在提升空间的问题都需要立即去改进，要找到那些最有价值的问题去进行改善

续前表

序号	要点	具体内容
3	问题的根源	找到问题存在的本质原因，如果学员认为课程价值不高，那么该问题的本质原因是什么？找到本质原因，确保能够顺利地解决问题
4	问题解决的逻辑	在解决问题的过程中，不要想着能够一蹴而就，而要与大家共同探讨，找出最佳的解决方案，比如应当先处理什么问题，再处理什么问题，这些都是需要经过深思熟虑的

无论培训项目有没有达成预期目标，结果评估都具有非常重要的意义，学习管理者可以借助评估找出项目管理中最薄弱的环节，及时解决问题。总的来说，评估学习项目的方法不是固定的，由于大量变量的存在，学习管理者也无法采用同样的方法去评估所有项目，需要根据项目的实际情况去证明和改善培训项目的价值。

参考文献

[1] 李发海，章利勇编著. 组织发动机：中国企业大学最佳实践. 北京：电子工业出版社，2015.

[2] 悦扬，李殿波，余雪梅. 企业经验萃取与案例开发. 北京：机械工业出版社，2017.

[3] 张诗信，秦俐. 成就卓越的培训经理. 北京：机械工业出版社，2011.

[4] 段磊，杨奕，樊祎编著. 企业大学最佳实践与建设方略. 北京：中国发展出版社，2013.

[5] 熊亚柱. 手把手教你做顶尖企业内训师——TTT培训师宝典. 北京：中华工商联合出版社，2016.

[6] 段烨. 培训师21项技能修炼. 北京：北京联合出版公司，2014.

[7] 苏平. 培训师成长实战手册. 北京：人民邮电出版社，2016.

[8] 张立志. 20张表单做培训——可落地的企业培训实操手册. 北京：人民邮电出版社，2019.

[9] 周平（山隐耕夫），范歆蓉. 培训课程开发与设计. 北京：北京联合出版公司，2015.

[10] 伊莱恩·碧柯. 培训引擎——卓越培训十步法. 张玉珍，王立志，

张建民，译．北京：电子工业出版社，2018．

［11］梅尔·希尔伯曼．如何做好生动培训：原书第2版．孙丰田，译．北京：机械工业出版社，2013．

［12］斯托洛维奇，吉普斯．交互式培训——让学习过程变得积极愉悦的成人培训新方法．派力，译．北京：企业管理出版社，2012．

［13］罗伊·波洛克，安德鲁·杰斐逊，卡尔霍恩·威克．将培训转化为商业结果：学习发展项目的6Ds法则：第3版．学习项目与版权课程研究院，译．北京：电子工业出版社，2017．

［14］彼得·圣吉．第五项修炼：学习型组织的艺术与实践．张成林，译．北京：中信出版集团，2018．

［15］迈克尔J.马奎特．学习型组织的顶层设计：原书第3版．顾增旺，周蓓华，译．北京：机械工业出版社，2016．

［16］埃尔伍德·霍尔顿．在组织中高效学习：如何把学习成果转化为工作绩效．沈亚萍，等译．北京：机械工业出版社，2015．

［17］迈克尔·R.林德斯．毅伟商学院案例写作．赵向阳，黄磊，译．北京：北京师范大学出版社，2011．

［18］詹姆斯·A.厄斯金，迈克尔·R.林德斯，路易丝·A.林德斯．毅伟商学院案例教学．黄磊，赵向阳，译．北京：北京师范大学出版社，2011．

［19］鲍勃·派克．重构学习体验：以学习为中心的创新性培训技术．孙波，庞涛，胡智丰，译．南京：江苏人民出版社，2015．

［20］伊莱恩·碧柯主编．ATD学习发展指南：第2版．顾立民，等译．北京：电子工业出版社，2016．

［21］迈克尔·霍恩，希瑟·斯特克．混合式学习：用颠覆式创新推动教育革命．聂凤华，徐铁英，译．北京：机械工业出版社，2017．

[22] 马克·艾伦. 企业大学手册：设计、管理并推动成功的学习项目. 饶晓芸, 译. 南京：江苏人民出版社, 2013.

[23] 伊布雷兹·泰里克. 企业培训与发展的七个趋势企业：保持员工需求与组织目标一致的策略. 杨震, 颜磊, 译. 南京：江苏人民出版社, 2017.